生協ってなんだろう?

27人が語る

生協で働きつづける理《わ》由《け》

永井雅子

コープ出版

はじめに

あなたは、生協でどのようなお仕事をしていますか？
あなたは、生協の仕事が、好きですか？

ところで。
あなたの目には最近の生協が、どのように映っているでしょうか。
そして、時代は？

時間は一瞬たりとも、とどまりません。時代は、変化し続けています。
携帯電話の普及やＩＴ革命など、生活者の日常の中に溶け込む技術革新が日進月歩で進化を遂げています。情報化はさらに進化をし続け、世界で起きる災害や紛争など、あらゆる情報は瞬時に私たちに伝えられます。また地球環境に異変が起きていることも感じずにはいられません。私たちは「地球市民」というグローバルな視野とマインドを持ち始めています。このように、時代、社会、環境、そしてそこで暮らす私たち自身も、日々変化をし続けているといえます。

あなたは、変化し続ける「いま」と、どのように向き合っていますか？

そして、あなたの仕事は、この「変化」にどのように対応しているでしょうか？

あまり、対応しきれていないというのが現状ではないかと思います。そのせいでしょうか、生協で仕事をしている人たちが、最近あまり元気ではない、または漠然とした疑問や不安を抱えているのではないかと、そう感じるときがあります。

どうしたら、元気になり、そして疑問や不安を解消できるのでしょう。

そんな問題意識から、この本の企画はスタートし編集委員会が立ち上がりました。

生協で仕事をするということについて、自分なりに考えるきっかけになるような本をつくりたいねということになりました。「どうしたら元気になれるのか」とか、「生協で仕事をする意味」とか、それらの答えは一人ひとりが自分で得ていくもの。誰かに教えてもらったものを鵜呑みにするようなものではない。だから、私たちにできるのは、感じたり、考える「きっかけの提供」です。

本書では、「生協ってなんだろう」、この組織の持っている価値や魅力を再確認したり、感じられる、そんな事例を提供したいと思います。

全国の生協は、他の流通小売企業との大競争にさらされています。そして経営的にも厳しい状況が続いてきました。経営の厳しさは、そこで働く人たちに、より高い数値目標を課すことにつながり、働く人たちのなかには、ツラさや苦しさを背負うことになっている方もいるのではないでしょうか。

組合員が増え、より多くの人に、生協の良さが広がり、くらしに役立てるという実感は、働く人たちにとってかえがたい「うれしさ」です。ところが、その「広がり」をつくり続けることが、最近、職員にとって苦しい。

「生協は、ここがいい！」

この言葉を持ちたい。そこで、生協ってなんだろう、を探るために、自分の言葉で生協を語る人たちのお話を聞くことにしました。

本書は、インタビューでつづられています。彼らの言葉に耳を傾けることで、その答えを自分の言葉でつかむきっかけにしていただけたら、幸いです。

もくじ

1. プロローグ
——変化した共同購入の風景

日本の生協が主に展開している事業は、共同購入事業と店舗事業、そして共済事業です。コープこうべのように八〇年を超える長い歴史を持つ生協もありますが、全国規模で生協が一般に知られるようになったのは、「共同購入」という事業が、消費者のくらしの中にひとつの積極的な消費スタイルとして浸透していった一九七〇年代頃からではないでしょうか。

共同購入には、「班」という基本の単位がありました。そこがベースとなって広がっていった「しくみ」でした。システムは、改良を重ね進化を遂げました。一方で、個人で商品を受け取る「個配」が急伸長しています。

「班」という受け皿があって広がっていったしくみでしたが、その「班」が減っています。そういう変化はありますが、この事業の利用のスタイルである、カタログを見て注文をし、翌週にその商品を受け取るというあり方は、大きく変わっていません。

全国の共同購入の配達担当者は、二〇〇四年六月のデータを見ると、約一三四〇〇人(全国七三生協の正規職員約六六〇〇名、定時職員約六八〇〇名)となっています。

最近では、配達を業務委託している生協もあります。この数字には含まれない担当者の数も多くなっています。委託先の配達担当者であろうと、組合員にとっては同じ生協の職員です。その役割は、配達だけではなく組合員との関係づくりや営業力も求められ始めています。アウトソーシングは広がっていくことでしょう。女性パート職員や委託の配達担当者が増えていった時、正規職員である担当者たちの役割は、今以上に問われていくことになるでしょう。

厳しい数値目標を抱え、日常的な課題に追われ、そして時代の変化を現場レベルで実感している配達担当者たち。配達風景が大きく変化したことを一番知っているのは、彼らです。

ある一人の生協配達担当者の手記に出会いました。そこに、生協の共同購入の現場で働く人たちの今の気持ちがあるように、思えました。そして、この出会いが、本書の目的を明確にするきっかけにもなりました。その手記の抜粋を紹介するところから、「生協ってなんだろう?」をめぐる旅を始めたいと思います。

■ このままで、いいのだろうか

ぼくは、生協で配達の仕事をしている。月曜日から金曜日、組合員さんのお宅の前まで、商品を運ぶ。この仕事について今年、一二年目を迎えた。

若い頃は、先輩やセンターの仲間と平日の夜も酒を飲んだ。仲間たちと朝まで仕事のことを語る、そんな「熱さ」が昔はあったんだ。けれど、いつの頃からか、徐々に失せていった。今年の夏のコース変更の後、ぼくの木曜コースは、ひとりの組合員にも会えないコースになった。一二年。ぼく自身も、確かに、若手ではなくなったけれど、それ以上に組合員さんが、すごく変わってしまったような気がしている。

ぼくが新人だった頃は、配達地区には地区委員会があり、班長会や地区が主催するバス見学に、ぼくも参加していた。配達を担当している地区の組合員活動の事務局のような役割も当時は、担当が担っていたんだ。生協に入りたてだったから、そのことがどういうことなのか、当時のぼくには、よくわかっていなかったけれど、少なくても、配達地区の組合員さんたちのことをよく知っている存在ではあったのだと、今は思える。

　玄関先や商品の荷おろし場所には、九〇年代、確かに組合員さんがいた。そして、子どもたちも一緒に、待っていてくれたものだ。子どもがいる班に商品を届ける。今思うと、ぼくは、その配達風景が好きだったんだと思う。

　いつ頃だったかな、二〇〇〇年が目前だった頃だろうか……。「班」といっても、「留守班」の方が多くなった頃だ。九〇年代の初めは、商品のおろしミスなどがあると、組合員さんは、班の仲間と連絡をとりあい、確かめあってから、センターに連絡をくれたものだ。ところが、留守班が増えた頃から、最後に商品をとった組合員さんが、そこに取り忘れの商品が残っていると、班の中での確認をせずに、その始末をぼくに求めるようになった。すべての留守班がそうなったわけではないけれど、確かに、班の中の一人ひとりのつながりは、希薄になっていったんだと、ぼくには思えた。その変化に最初は、愕然とした。でもぼくはすぐに慣れた。なぜなら、もはや、留守班は仲間の単位ではなく、個配手数料を節約するために合理的につながったグループになっていたからだ。そのことを知ってしまってから、ぼくは「班」が変質してしまったことに、慣れた。けれど、組合員さんの変化は、もっと速くて……。いまでは、翌週の配達時に、シッパーの中に変色したほうれん草やくさった牛乳があるのも当たり前になってしまった……。連絡なんて、ない。くさった牛乳をセンターに持ち帰り、口をあけ、中身を捨てるときのニオイが、なんとも表現しきれない、不愉快さを連れてくる。でも、少し時間が経つと思いなおすんだ。ぼくは、寂しいと感じていて、そして、むなしさも感じている。大きく「何か」が変化している。なのに、ぼくには何もできない。そんなむなしさかもしれない。

新人だった頃は、会える組合員さんたちにいろいろなことを教えてもらった。ぼくよりも、長く生協を知っている組合員さんばかりだったから、少し前までは、どんなに不便な仕組みだったかも、ぼくは組合員さんたちから教わった。卵が一〇ヶ入りのケースではなく、キロ単位で届き、組合員さんがそれぞれボールを持参して分け合っていたのが、つい数年前のことだなんて、驚いた。なのに。つゆの素やツナ缶のわけあい企画をおすすめすると、年々、組合員さんたちの表情は遠慮がちなものになっていった。昔の組合員さんたちには、「安心して食べられる安全な商品が欲しい」という強い思いがあり、それが不便な仕組みを乗り越えさせていた。その不便さが当たり前の時代を知っていた人たちにとって、徐々に共同購入の仕組みが便利になっていくことは、嬉しかったはずだ。でも、不便だった頃には確かにあった「組合員同士の分け合い、支えあい」が徐々に失われていくことを組合員さんたちは感じていたのかもしれない。何も知らないぼくに、「以前はね」とか、「昔はね」なんて、話してくれたのは、そのことがら以上に、その時代の情緒的なものを伝えたかったのかもしれないと、今は思う。

班でのおしゃべりに立ち会えていた頃は拡大も共済も、あまり苦しまずに、数字を作ることができた。どうしてなのかは、当時は分からなかったけれど。今はこう思う。組合員さんたちとのコミュニケーションを通じて、彼女たちのくらしの様子を知ることができたんだ。それは、つまり、とても価値のある「情報」でもあった。もちろん当時はそんな風には思いもしなかった。でも、今は、それが得がたい情報であったことを痛いほど感じることができる。それらの情報は、組合員さんとの関係を親しいものにしたし、さらには拡大、共済の数字を達成するベースにもなっていたのだから。

組合員さんにめっきり会えなくなった頃から、それらの数字が苦しい高い壁になり始めた。それでも、九〇年代の後半は経験やコツを総動員して、乗り越えた。けれどここ数年は、ダメだ。諦めてしまうことに慣れはじめていることを感じる。もはや、情報がなく、八方ふさがりでは、どうしようもないと自分を慰めるようになってしまった。

「このままで、いいのだろうか？」

ぼくは、ぼくのこのたよりない気持ちを、あつかいきれない状態に、少しずつ、ウンザリしているし、少しでいい、何かを変えたいと思いはじめている。

「このままで、いいのだろうか？」

このぼんやりとした気持ちと言葉を手がかりに、「生協ってなんだろう」を探す旅にでることにします。

2.

培ってきた価値

——民主的プロセスと信頼

プロローグで配達担当者の「今」の気持ちの一端に触れました。彼は、「何かが大きく変わっている」と言っています。それは、どのような変化なのでしょうか。

班配達が中心で、地域に生協の活動がまだ存在していたものの、活動が徐々に変化し始め、個配も始まった九〇年代。九〇年代の様子を知るために一人の生協職員を訪ねることにしました。

京都生協に、金山修《かなやましゅう》さんが入協したのは一九九〇年。九〇年という年は、ながく活況を呈した日本経済が、その見せかけの「強者」の仮面をはがし始める年です。バブルが崩壊する寸前。生協も拡大を続けていました。ゆえに、大量の新卒採用をしていた時期でもあります。その後、あえなくバブルははじけ、後に訪れる失われた一〇年、さらに続く不況期。生協も大きく変化した時期です。その変遷とともに、生協人として歩んできた一人である「彼」を通じて、生協の九〇年代を振り返ってみます。金山さんは、二〇〇四年一一月現在、京都生協商品部の日配担当。ご自身のこれまでのお話を聞きました。

■ みんなで決める

生協との出会い

「一九八五年に大学に入学しまして、同時に大学生協の学生委員会に入りました。それが生協との出会いです。学業よりも生協活動がおもしろくて、ずっとやっていました。

大学生協は、入学のときのガイダンスを聞いたら、みんなの力で民主的に活動を行なう組織ということで、興味を覚えました。学生委員会に入って最初に加えてもらったのが、「合同ハイキング企画」のチーム。企画サークルのノリで、女子大学の生協の学生スタッフといっしょに合同ハイキングの企画をつくりました。これが学生の要求なんや(笑)と、胸を張っていました。

よく、『生協は民主主義の学校』というじゃないですか？　大げさだなあとも思うんですが、物事を進める場合、誰かが決めて進めるのではなく、みんなで話し合って決めていくプロセスに生協らしさを感じました。たとえば総代会のときは、総代さんを選んで、クラスのみんなに生協に対する意見を出してもらって、総代会に持ち寄る。そういう進め方は、私にとっては魅力的でした。そんな学生時代をすごしたので、就職先としても生協が良いなあと思ったんです。大学生協という選択肢もあったのですが、働いて、結婚して、子どもが生まれて、子育てをして……という人生の長い部分をサポートする地域生協のほうに興味があったので、一九九〇年、京都生協に入協しました」

配達担当ではなく、地域担当なんだ

「一九九〇～九四年は、地域担当ということで、共同購入の配達をしました。当時は、無人班も少しずつ増えてはいましたが、まだ在宅率はかなり高く、配達に行くと組合員さんが荷受けに出てきてくれました。それから、小学校区単位に『運営委員会』をつくって、一五～二〇人程度の組合員さんで月一回集まる、そういう取り組みもありました。週四日は配達で、残り一日は『組織日』。この日は組合員拡大とか、運営委員会対応に充てます。一人の担当者が、ひとつの小学校区の配達も運営委員会の事務局も担当する。だから配達担当ではなく地域担当なんだと教えていただいた憶えがあります。

私が入った頃は、運営委員会はまだほとんどの小学校区にあって、コープ商品普及のとりくみとか試食会などをやっていました。学区内のお寺でのムササビ見学会なんていう企画もしました。今から考えると、随分のんびりしていたように思います。バブルの影響は遅れてやってきたため、一九九〇年代の初めは、厳しい経済環境という認識は、少なくとも現場にはありませんでした」

コープ商品

「一九九五~九六年は、京都生協の『国内留学』という研修システムに応募して、京都大学経済学部の大学院修士過程で学ぶことができました。『大学で好きなことを勉強してよい』という、今ではちょっと考えられない有難い制度でした。論文にまとめたテーマは、『コープ商品の変遷について』でした。

日本生協連や市民生協群がコープ商品を開発し始めた頃は、ごく限られたアイテムのコープ商品を組合員さんの力で利用結集するというスタイルでした。それが、ある時期から品目数が飛躍的に増えていきます。その前後の時期で、質的にコープ商品の位置付けが違ったのではないか、ということを調べたものです。

ここでいう『前期のコープ商品』が出たのは、ちょうど物価高や公害などが問題となっていた時期です。商品としては、日本生協連の洗剤コープソフト（一九六六）、コープこうべの無漂白小麦粉パン（一九六七）、京都生協のコープ牛乳（一九七〇）などが該当します。特徴は、安全性だけでなく価格面での優位も追求されたこと、商品開発に先行して消費者・組合員運動が存在したこと等です。これは商品開発・普及のひとつの成功モデルということができます。このような商品活動の結果として、『安全・安心』という生協のイメージができあがっていきました。

その後一九七〇年代後半から一九八〇年代にかけて、共同購入業態の成立に伴い、業態特性にマッチした商品の大量開発が求められました。この時期のコープ商品開発の特徴は、生協側の商品開発能力の向上により、『NB（ナショナルブランド）商品から特定の添加物を除く』など、コープ商品を大量に開発するノウハウが蓄積されていったことです。

たとえば京都生協では、コープ商品を大量につくろうという方針が一九八二年に出されます。それまでは豆腐・みかん・牛乳といった基礎的な商品だけだったのですが、商品開発の結果、一九八〇年代の後半には一〇〇〇品目を超えるコープ商品を持つに至りました。これは、他の市民生協群でも同じような傾向となっています。

当時と現在との決定的な違いは、コープブランドの維持コストです。コープブランドに対して絶対的な責任をもつためには、品質をさまざまな仕様書で特定し維持する必要があり、コストがものすごくかかります。ところが当時は、B４の用紙一枚だけの仕様書でコープ商品をつくることも可能でした。仕様書管理の世間的な水準がそれほど高くなかったので、相対的に低コストでコープ商品が開発できたという側面もあると思います。結果として、コープ商品の品目数・供給高は飛躍的に伸び、コープブランドの認知を広げる役割を果たしたのですが、その反面、売れないコープ商品も少なからず登場しました。今から振り返ると、コープ商品として開発する必要性の弱い商品も含まれていました。

ただ、分析しきれなかった点がいくつかあります。ひとつは、生協の事業活動のなかでのコープ商品のあるべき形について言及しきれなかったことです。もうひとつは商品部の分析ができなかったことで、コープブランドの維持・管理の側面や、ＮＢと比較した場合の収益性の違いといったテーマは課題として残りました」

お店 ―― 「組合員さんとのつながり、それは、稀」

「一九九九～二〇〇〇年は、店舗に配属されました。惣菜部門で、白い制服を着てコロッケを揚げたり、寿司を巻いたりしました。共同購入では、一九九〇年代にそのありようが急速に変わったという感想になるのですが、ずっと店舗にいる職員の立場になるとまた違った感想になるかもしれません。店舗の一職員としては、日常的に組合員さんの力で生協が支えられているとは感じにくかったです。共同購入なら、全部で四〇〇～五〇〇人の組合員さんは顔と名前が一致して、暮らし方や家族構成がだいたい分かる。ところが店舗では、組合員さんと顔でつながる関係にはなりません。そのため働いている実感としては、普通の小売業に近いと思います。当時の共同購入の担当者が、大なり小なり持っていた、特定の組合員さんとのつながりは、店舗ではあまり実感できなかったのではないかと思います。だから共同購入から店舗に配属されたときは、まるで違う世界でした。

その一方で、店舗での仕事は、共同購入にはない『商品との近さ』が実感できるのが魅力です。自分の力で売場をつくって、数字を変えていける。惣菜部門の場合、大晦日や節分などの『晴れ舞台』の日は力が入るし、通常の何倍も売れるので充実感がありま す。体はしんどいですけれど」

現在思っていること――「大きな力に」

「今は商品部で、加工冷凍食品の担当をしています。私の担当分野でいうと、日本で最大規模の流通グループのバイイングの話は驚異的です。彼らは、マスの持てる力を最大限に利用して取引をする。インターネット上の入札で、複数の取引先に競わせて価格をぎりぎりまで引き下げるというやり方です。その代わり、最安値を追求する際は、責任をもって提示したケース数を引き取るとのこと。取引先としては、確実に買い取ってもらえるため、多少無理をした条件を出してでも、受注を取りに行くだけの魅力があるわけです。

その話を聞いたときには、率直に負けたと思いましたね。生協の共同購入は、利用を集めることでより良い条件をめざすことは同じですが、計画数と受注数に差が生じた場合の対応は取引先にお願いするわけじゃないですか。だから取引先としては、生協が出す計画数を完全に信頼できるものじゃないですよね。これは、さきほどのバイイングの話とは質的な差がある。

この質的な差が目に見える形で表れているのが、価格の差です。冷凍食品の場合、同じ商品でさきほどの流通グループの値段はまず出せない。店舗見学に行くたびに、力が及ばないなあと痛感してしまいます。したがって、少なくとも加工食品については、数のまとまった力を作り上げないといけないと思います」

（インタビュー・二〇〇四年一一月三〇日）

彼が魅力的だと感じた「民主的なプロセス」。ときに、まどろっこしさを感じるときもありますが、ひとつひとつのことを組合員とやり取りしながら決定していくスタイルが私たちの組織にはあります。このプロセスに出会ったとき、他の組織にはない参加感がもてる喜びを感じた人が多かったのではないかと思い出しました。また、班が共同購入という仕組みを機能させる単位だった頃、担当者はまさに「配達担当」ではなく、「地域の担当者」だったし、彼が研究の対象にした「コープ商品」は、時代とともに変遷をとげながらも、いつも私たちにとっては大事な商品だった。それらのことを今一度、心に刻みたいと思いました。

もっと他にもある、大事なものを思い出したい。金山さんのお話を聞いて、その思いが募りました。しばし、ここに立ち止まり、生協のこれまでを人を通じて振り返ってみようと思います。

■ ひとことで表せば、やはり「信頼」

共同購入という領域で、九〇年代を振り返ると、班が減り、配達の様子と配達担当者の役割が変化したことを感じます。では、店舗事業はどうなのでしょうか？

時代をもう少し遡り、以前の生協のお店がどのように機能していたのかを教えてもらおうと思い、二〇〇五年二月現在、コープとうきょう営業管理室で仕事をしている門岡《かどおか》弘子《ひろこ》さんを訪ねることにしました。

門岡さんは組合員から職員になった経歴を持つ方です。組合員活動でかかわるようになったのが縁で、機関紙を担当するようになり、それ以降は店舗や運営部を経験され、その時々において、生協と向き合ってきました。

お店の話題だけではなく、組合員活動からスタートし職員になった彼女の三〇年間の軌跡を聞かせていただきに、コープとうきょうの事務所を訪ねました。

七〇年代――「活気があった。面白さを感じた」

「一九七三年子どもが生まれました。そのころ、ちょうど近所で班をつくる動きがあったのです。多摩川の汚染も激しく、粉石けんが話題になっていて、それなら生協で買えると。翌年から近所の方たちと共同購入を始めました。三多摩市民生協（のちにコープとうきょうに合流した多摩地域の生協）です。

当時の共同購入は、たまごは量り売り、じゃがいもだって大きな紙袋で届く。分け合いが基本、分け合わなければ、買えませんでした。

三多摩市民生協では、消費者委員会というのが行政区ごとにありました。小平市の消費者委員会の委員を出す話が私たちの班にきて、姑が優しい人で、気晴らしにもなるかなと引き受けることにしました。七五年には、委員長になって。二、三年やったかなぁ。

あの頃は、消費者運動が明快な頃です。食品添加物や合成洗剤が社会的問題だったし、消費者の関心も高く、安全な商品を購入できるツールとして生協に対する市民の関心も高かった。母親たちは、子どもの成長につれて、ＰＴＡや公民館（社会活動）などに出ていく。そこでは生協がひとつの核になっていました。私たち女性にとっては、どんどんネットワークが広がっていく感じです。ぜんぜん関係ないところに出かけても、『生協やってるのよ』、『あら私もやっているのよ』なんて話題になり、いろいろなところで人と活動がクロスして、組合員がいっぱいいるんだという感じがあちこちにありました。秋には消費生活展や生協まつりがあり、活気があった。行政も消費者の動きを後押ししていました。食の安全にかかわることは、普通に市民に訴えても関心が高く、すぐに反応があるので面白さを感じました。生活に密着していて、なおかつ新しいことをやっていると実感できた頃です。だから共同購入があっという間に広がったのです。

班を作らなければ商品を購入できない。ＯＣＲもないので手で集計。一週間に一回の注文は当番さんが集計をして集金もする。商品が届けば分け合う。班員同士のつながりが強く、仲良くなるのは当たり前。隣近所の人たちとの関係が、ものすごく密接になる。

班会というと、着色料で毛糸を染めるとか、ハムにヨードチンキを塗るとか、今だったらそんなバカなこと！　ということをいっぱいやった。仲良くやっているところには、新しく引越してきた人も、『私も入れて』となるんですよ。

私たちのやっていることが周りには見えていた。集金にも回るし、週に一回は配達がきて、一〇人くらいがわーって集まって分け合っているわけだから。ご近所の方にも見えちゃう。それは、何も言わなくても生協をアピールしていたんですね」

七〇年代後半～八〇年頃の生協の店舗活動

「委員長になると、ほかの地域のことがわかっていくのも楽しかった。お店を持っている地域は違う形でやっていることがわかりました。都民生協（現コープとうきょう）と合同する前の年だったか、二つの生協の組合員が一緒に集う機会があって、都民生協は店舗中心の生協だったので、店頭活動のことを話す組合員さんの報告をきいたのです。たとえば売り場に秋刀魚が残っていれば、店長が『閉店間近なのにこんなに残っている』と言うと、組合員が委員さんや自分の知っている人に、『今日は秋刀魚がこれだけ残っていて、安いんだけど来ない？』と声かけをして、バーと売っちゃうって。当時、共同購入の商品活動って、どういう形があるんだろうと思っていたので、店舗って、そういうふうにして、組合員とお店が一緒になって、〝自分たちの店〟という意識で商品を組合員にアピールするんだ！　と。それは新しい衝撃でした。今でもその話をしてくれた組合員さんのことを覚えています。共同購入には、組合員同士の仲間意識はあっても、事業と一緒にというのは、少なくとも私にはなかったので印象的でした。商品を介した楽しい店頭活動があり、店舗では、毎日が組合員とのコミュニケーションの場となることを知り、いいなぁと思いました」

機関紙づくりのなかで

「消費者委員をやめたのち、組合員として機関紙づくりを担当することに。ネーミングは組合員から募集して、『あしたへ』となり、一九八〇年に発行しました。そして八一年には都民生協と合同して『あしたへ』(現『duo』)が都民生協の機関紙になり、引き続き担当しました。身分は組合員でしたが、半分職員みたいな意識でしたね。結局九一年まで一〇年間作っていて、その途中で嘱託になり、職員になりました。

いろいろな産地、工場に行きました。メーカーの担当者の話を聞くと、モノをつくるということは、見えないところでいかに苦労しているのかを知る機会にもなり、それを伝えたくなる。ストレートにそう思っていました。また産直活動では、ごくごく初期を支えてくれた産地の人たちの意識に触れることができ、おもしろかった。

途中で、商品政策が大きく変りました。食品の安全は食品添加物に突出した言い方から原材料だけではなく、衛生管理とか品温管理というインフラの整備も大切ですよというように。商品の安全を保つのは総合的な安全なんだと。その書き方、言い方の転換の時期にいあわせました。

ただ、そういう言い方に八〇年代の後半、転換したはずだけれども、いまだに『無添加』が食品の安全として捉えられ、昔の尾をひいている。九〇年代以降の情報提供のしかたにも責任の一端はあると思う。もっと明確に言うべきだったと思います」

共同購入とは違う組合員が、店舗に来ていた

「九二年から、一〇年は店舗へ配属になりました。品出しやレジもやった。店長を約四年、応対トレーナーというのも二年ほど経験しました。店の仕事は店で完結することに開放感を覚えました。また店舗の組合員と直に接するのも新鮮だった。店舗の組合員は、共同購入とは違う組合員でした。価格にシビア。組合員は、安いものを求めている

と実感しました。安くなきゃ売れないんですから。

九〇年代の店は、オペレーションが進み、マニュアルがあって、それに基づいて仕事をまわしていく仕組みになっていました。システム化された仕事は、組合員との接点を希薄なものにしていたように思います。事業と組合員活動は別という運営が組織風土を変えていった面もありますが、競合の中で生き残るために、徹底して無駄を省こうとしたということもあります」

今のモタモタ

「今は、主にコープ商品について組合員に対して説明責任を果たす部署にいます。今は食品成分の分析や解明が進み、食品に含まれる様々な機能が発見されています。どの物質を使ってどういう風味や味を出すかは非常に専門性の高いことです。今までの思考形態ではなく科学技術の進歩を、進歩は進歩として受けとめることが大事です。

やはり安全・安心の添加物運動以降がないように思います。それが今のモタモタを招いている。消費者や組合員は違う価値観を求め始めていたのに、過去の添加物運動に生協の価値を求める構造を変えられないまま、前に進めない状態に。

七〇年代、八〇年代、私が組合員活動にかかわっていたときは、自分がやっていることが『新しい価値』と感じられた。生活と密着していたのがよかった。今はそれに代わる、生協が提示しうる新しい価値を出さないといけないのではないか。でなければ、いくら組合員が加入しても、定着させるのは難しいと思います。

商品はベースだけれど、社会的な不安に対して、それを払拭するようなことを生協がやったときに、生協の価値があがった。これからもそうだと思います。今、人は、老後とか孤独が不安で、つながりを求めている。どこかで共通部分を見出せる人とつながりたがっている。そういうつながりをどのようにつくるか。それを組織活動だけではなく、いかに事業と絡めていくのか、それを職員の側から提起していく。そういう『新しい形』をどうやってつくっていけるかが大事ではないでしょうか。

私にとっての生協ですか？　難しいけれど……、それは『信頼』かな……。今でもそうかな……。ひとことで表せば。『信頼』ですね。」

（インタビュー・二〇〇四年一二月九日）

門岡さんは、七〇年代の店舗は、「組合員と店舗が一丸となって、自分たちの店という意識で商品を組合員にアピール」していたと語ってくれました。その後九〇年代になると、店舗には過去のような組合員との接点はなく、仕事はシステム化され、「安くなくては売れない」そんなお店になっていたと語っています。

約三〇年にわたり、変わったもの、変わらないもの、そして変えなくてはいけなかったのにできなかったもの、それらを見つめてきた彼女が、最後に言った「生協は信頼」、この言葉をかみしめたいと思います。信頼は、簡単に築けません。そして、いともたやすく崩れます。その簡単には築けない「信頼」を、わたしたちはどのように築いてきたのでしょうか。

信頼関係を築いてきた一つとして「組合員との接点」があると思います。とくに生協の特徴ともいえる「組合員活動」。その場が放つ魅力と、その場が生み出してきた価値についてふれたいと思います。

3.

組合員活動が生み出す価値

――つどい、そしてつながって

昔、配達担当者は、地域の組合員活動の場に参加していました。その場では、担当職員も組合員も、ともに場作りをし時間を共有することで、お互いに、何かを得ていたのではないでしょうか。それがどういうことだったのか、もう少し詳しく見たい、知りたいと思います。

最近、さいたまコープは、地区のコープ会に、なるべくその地区の配達担当者もしくはリーダーが参加するように切り替えたそうです。

どんな様子なのか、埼玉の奥秩父、荒川村のさいたまコープ三峰コープ会を訪ねることにしました。このコープ会では、発足以来、毎月メンバーが増えているそうです。その秘密もさぐってみましょう。

■ やわらかい場づくり

なごやかでやさしい場

埼玉県秩父郡荒川村（〇五年四月に秩父市と合併）で、さいたまコープの三峰コープ会は、二〇〇四年一月から活動をスタートさせました。村の改善センターを会場として、月に一度メンバーが集まる場を持っています。立ち上がって一年。毎回、新メンバーが加わっていると言います。

埼玉県と言っても、山梨県に近く、長瀞よりも奥に位置する荒川村。訪れた一月、村は雪に包まれていました。会場は新しく、村の福祉・文化・保健関係の施設が集中している複合施設です。その一画に、改善センターがあり、その調理室でコープ会は開かれていました。

一月のコープ会当日、組合員の参加者は二一人、子どもが一一人。子どもたちは、二階のプレイルームで、「保育」ボランティアと遊びながら時間を過ごします。この日、お母さんたちは、前もって注文した生協商品を使ってみんなで調理をし、試食をすることになっていました。

今回、初めて参加した方が三人いました。まずは、ひとことずつ自己紹介。メンバーは、この会に自分がどうして参加しているのかの理由を伝えながら話していました。

「いろいろな人に会える」

「おとなと！　ワイワイガヤガヤ話せる」

「いつも、二人も子どもを連れているので、お手伝いが思うようにできないけれど、楽しくて」

「ふだん、頼めない商品の試食ができるから」等々。

メンバーの自己紹介は、この場の魅力の紹介にも聞こえました。

この日の献立は、手巻き寿司とお吸い物。手際よくご飯をかける人、材料を調えていく人、食器を用意したり、お茶のしたくをしたりと、それぞれが、声をかけあったり、おしゃべりをしながら、作業がふんわりと、すらすらと進んでいきます。あっという間にできあがり。

立ちのぼる湯気といいニオイ。エプロン姿の女性たちが作り出す「和やかなでやさしい場」。この雰囲気に、どこか「懐かしさ」を覚えました。以前は、全国の生協の各地域で、毎月このような場が持たれていたのではなかったか、と。

ちょっと外に出てみたい

この会の立ち上げの原動力となった一人、黒澤薫《くろさわかおる》さんに、お話を聞きました。

彼女は京都出身。東京で結婚し、家庭を持ちました。一〇年前、夫がUターンすることになり、夫のふるさとである荒川村に帰ってきました。それは新しく住み始めた家で、小さな子どもだけと向き合う日々の始まりでもありました。

「近所は、知らない人ばかりで挨拶もできない。最初のひと月は、家の中で悶々としていました。ある日、同じアパートに住む、同世代のお母さんたちが、生協の商品の仕分けをしている場面を見かけました。子どもたちを遊ばせながら、おしゃべりをしていて、『何だろう?』と思いました。そして、ほどなくその班に入れてもらうことになり、生協とのかかわりが始まりました。のちに班長にもなりました」

黒澤さんや、またこの三峰コープ会のお世話役であるエリア委員の串田誠子《くしだともこ》さんが口をそろえて言う、「以前は、厳しい（！）順番制」のもとにコープ委員を出さなくていけなかった二〇〇二年度、班長だった黒澤さんにコープ委員になりませんかと、電話がかかってきました。彼女は、総代学習会と総代会にだけ出ればいいからという条件を聞き、引き受けました。

「ちょっと外に出てみたいと思いはじめていた時期で、だからといってまだ仕事は始められないしと思っていた矢先の電話だったので、なにかのきっかけになるかもしれないと思いました」と言います。

そして二〇〇三年度から、コープ会や総代会に参加するようになり、行動範囲が広がっていきました。ところが、荒川村から、秩父市内に出掛けるのはやはり遠い。でも、いざ集まると、その場は楽しいことも事実。だったら荒川村で、近場で、コープ会を持ちたいと思うようになっていったと言います。

ちょうど二〇〇三年度から、さいたまコープは、組合員活動のしくみを新しい制度に切り替えます。それは、厳しい順番制を廃し、やりたい人が、自由にできるしくみの誕生でした。黒澤さんと同じ思いを持つ仲間たちは、エリア委員の串田さんたちにサポートをしてもらいながら、荒川村で集まることができる三峰コープ会立ち上げの準備を始めました。そして、二〇〇四年の一月に、コープ会を発足させました。

新しいしくみ

新しいしくみでは、やりたい組合員のいる地元でコープ会を開催し、そこにエリア委員が赴くことになりました。組合員に、中央に足を運んでもらってきたこれまでと流れを逆にしました。さらに、その場にはできるだけその地区の配達の担当者が参加するようにしたそうです。

三峰コープ会には、荒川地区の配達担当である大房一子《おおふさかずこ》さんが、毎回参加しています。大房さんの配達担当曜日は、火曜から金曜日。コープ会は毎月、月曜日なので、配達がなく参加することができます。コープ会の間、担当者の大房さんの周りには、絶えず組合員がいました。生協のことや商品のこと、地域の様子など、役割の違う担当者から得られる情報も、参加者にとっては魅力の一つのようです。さらに、今日、初めて参加した三人のうち、仲良し同士できた二人は、一人がまださいたまコープに加入していなかったので、会の終わりには、大房さんに加入したいと申し出て、すぐに手続き。このスムーズさにも、心地良い印象を受けました。

串田さんは、この三峰コープ会が、立ち上がってから一年、毎月、メンバーが増えていることについて、

「ここは山奥で、若い人同士が出会うきっかけもあまりなく、知り合いも少ないんです。三世代同居も多く、若い母親たちには友達や情報が必要なんですよね。その点、ここに来れば保育もあり、お母さん同士が充分話せる場となっています。生協商品の試食のほかにも、趣味の講座などを開催していて、参加のきっかけになりやすい。お母さんたちは、子どもが幼稚園に入園する前に知り合いを作っておきたいようです。ここがそのいい機会の場になっているはずです」と話していました。

黒澤さんは四三歳。生協に関わるまでは、食の安全に全く無頓着だったと言います。食の学習会などに参加する機会を得て知ったそうです。「知り合いが欲しくて加入した生協だったけれど、食品を購入することで、いつの間にか、安心な食品を取り入れることができていたんですよね」と。そして、「こうして、どこにいても、〝代表〟なんて、

してきたことがなかったような自分が、人の意見を聞いて、自分の意見も言う、そういう立場になれたのは、コープに、活動をバックアップしてくれる、しかも安心のもてるしくみがあったからです。知らない人にも、どうぞ来てみませんか？　と安心して声をかけられるのがいいです」と話していました。

毎月のように新メンバーが増えるわけ

立ち上がって一年、毎月のように新規メンバーが増えているのには、いろいろな背景や理由があるように感じました。

ひとつには、四六時中子どもと離れられない今の若い母親たちにとって、生活情報や地域情報を得られる場に、安心して子どもを預けることができる「保育」ボランティアが用意されているということがあるでしょう。また、さいたまコープの組合員活動のことをしっかり伝えるエリア委員が出向き参加していることのメリットも大きいと感じました。この場が、全体とつながっていることを感じられる情報をエリア委員が発信することで、さいたまコープという大きな輪の中に自分たちがいることを感じられる瞬間が提供されていたように思います。

そして、やはりこの場に配達担当者が参加しているということの意味は大きいと思いました。担当者は、この場で使う生協商品の発注を受け、届けます。商品の手配の他にも交通費の支払い等、手のかかる事務手続きを職員が担っていました。このような運営のサポートは、担い手である組合員に安心感をあたえ、そして参加者には、商品事業と組合員活動が一体であることが自然に伝わり、そのような場を、さいたまコープが大事にしているというメッセージを受け取ることにもなるだろうと感じました。

（取材・二〇〇五年一月一七日）

全国の生協の担当者のありようは、けっして一律ではありません。その単協の事業規模、内容によっても違うし、くらしの変化にともない組合員と担当者の関係性も変化せざるを得ない状況にあります。それでも、組合員との接点は生協の他にはない「強み」でもあります。そのありようを、その現場担当者任せにするのではなく、組織として、生協として大事に考え、扱うことの意味を再確認する必要があるのかもしれません。

奥深い埼玉県のひとつのコープ会の実践が、そのメッセージを発してくれているように感じられました。

また、黒澤さんのように、生協との出会いが活動を始めるきっかけとなり、その活動を通じて自身が成長していく、そういう変化をしてきた組合員が全国には数え切れないほどいました。そのことも、懐かしさとともに思い出されました。

生協の組合員活動のスタイルやテーマは時代とともに変化してきましたが、このありようは、いまもきっと続いているはずです。

生協の組合員活動の場が生み出してきた価値。そのことを、他の視点からも確かめたいと思います。

■積んだり、崩したり

二〇〇四年、富山県生協は四五周年を迎えました。この富山県生協では、近年、組合員の平均年齢が若くなったと聞きました。全国すべての生協でというわけではありませんが、組合員の高齢化という傾向はあります。ところが富山県生協では、若い組合員が増えているそうです。組合員理事としてかかわる高田姫子《たかだひめこ》さんと磯野滋子《いそのしげこ》さんのお二人に、増えた要因について、お話を聞きました。

―生協って、どういう印象でしたか?

高田　九七年、生協を利用し始めて二年目に配達担当から、ぜひ理事さんにと言われて。生協とはどういうところか、理解しないままに、飛び込んでしまいました。「理事をやってみませんか」「何をするの?」「月一回会議に出るだけ」。そういう会話の中で、「はい」と言ってしまったのがスタートでした。ほとんど組合員活動には携わっていないのに、ポンと理事になってしまった。それまで私の中での生協というのは、トラックの後ろから商品が出てくるという程度の認識でした。

磯野　私は、地区活動に関わっていた。地区の代表が集まる支部活動のときに、理事の欠員が出るのでどうしようかということになり。私は、沈黙の時間が嫌いなものですから、じゃぁしょうがないな、と。不謹慎ですよね。八〇年代の後半でした。

高田　私は、ずっと専業主婦で、子どもが三人いて、外には出てなくて、仕事もしてなかった。自分の家庭から、外につながるにはとりあえず生協かな、と。決して、これまでの人生の中では、そういう無謀なことをする人ではない。人前で話すとか意見を述べるなんて、苦手な人。理事になったらいやおうなしに、人前で話さなければならない。周りの人に育てていただいたなぁと思います。

磯野　四姉妹の子の親です。第四子が九一年に生まれました。理事会には、その子をおんぶして参加して、それでもOKだったんですよね。当時の組合員理事は、地域の組合員活動の代表だった。商品をトラックから受け取ったその感じを、素直に言える。そういうことを大切にしていました。

富山県生協は二〇〇四年に四五周年を迎えました。県内労働組合の購買生協としてスタートしたそうです。二〇年くらい前から、地域でも生協の商品が欲しいという要望が高まり、共同購入事業を開始。九〇年代初めまで、理事会は労組代表の理事会と組合員活動の代表の地域理事会との二本立てだったそうです。この間、購買生協から地域型生協への転換をはかってきました。この一〇年は、理事会改革の一〇年でもあり、磯野さんはその改革の一〇年の伴走者のお一人です。

― 理事会改革を通じて、理事の意識はどう変わりましたか？

磯野　理事会を変えていこうと意識し始めた頃から、理事は理事研修をやるようになり、日本生協連のあの分厚いテキストで勉強もし。そうしていく中で、たとえ非常勤理事とはいえ、意識とか構えとかが、徐々に変わってきました。

高田　そう。気持ちも変わった。与えられたものを「はい」って聞く側だった。お願いね～で、ファジーに参加していたのが、一緒に参画へと。

磯野　意見を言うにしても、きちんと捉えていないと。

高田　それまでは、理事会で聞いてきたから組合員に言わなきゃ、組合員さんに聞いてきたから理事会で言わなきゃ、そういうやりとりの伝書鳩だった。それが、組合員さんに、理事として伝えていくときには、きちんと言わなくてはいけないし、そして組合員さんには私が伝えるから意見も言ってね、と自覚的に言えるようになった。

組合員さんは、生協を核にして、生協という土台の上でいろいろなことができます。商品活動だったり、くらしと女性、男女共同参画、仲間づくり等。その中でも、自分の生活の中の一番小さなグループで、試食をしたり、生協のことを話し合ってほしいと思うようになりました。そこで、「パクパクパーティー」をやってもらって、県生協を身近に感じてもらい、生協を生活の中に取り入れてもらいたいという活動をしています。どうすれば、生協のことを知ってもらえるだろうか。どんどん来てもらえるだろうか、ということを主にしています。難しいですけれどね。

―「パクパクパーティー」?

高田　「パクパクパーティー」とは、生協からのお知らせや組合員から組合員へのお知らせも渡しながら、話してほしいテーマを提供し、それに試食商品をつけて、食べながらみんなで話してください、そして出た意見をくださいね、というシステムです。それを機会にいつもは会えない組合員同士が集まっているのよ、という方もいます。これは、商品のことも知ってもらえる、生協のことも知ってもらえる、根っこの一番先の部分の組合員活動で、委員会やイベントに来れない人にでも生協を一番身近に感じてもられる組合員活動なんですよね。ですから、これをもっと活発にしていけば、県生協をみなさんに知ってもらえて、組合員さんに支持していただいて、それが支えになって、根が強く張っていき、幹が太くなり、大きな組合員活動につながっていく。もっと活発にしていきたいし大事にしていきたいね、と。

磯野　今までは、班会活動委員会だった。個配が増える中、班会は、個は参加しにくい。では、どうしたら個人が参加しやすいのかと。ネーミングも変更し、「パクパク」なら、個が集まることもできるし、また誘いあうこともできる。

高田　班会から、システムそのものを変えて、個が気軽に参加できるようにとつくったもの。二〇〇四年で三年目になります。

磯野　個配そのものは二〇〇〇年からスタートしている。

高田　トラックの後ろから、商品が出てくるだけが生協じゃなくて、トラックのもうちょっと前は面白いよ、もっと前はオモシロイよと。私、理事としては、運転席の前までたどり着けたかなぁ。もっと先に行くと、自分自身も育てられるよ、生活そのものを楽しくできるんだよ、そのお手伝いを生協がしてくれているよって、伝えたい。だから、制度をもっと変えて、より集まりやすく、参加しやすくしていき、しっかり根付かせていきたいというのが、今の私たちの目標です。

磯野　個配を利用している組合員さんは若い方が多いので、子どもたちも一緒にワイワイ交流してくださっているようです。そういう方たちは、これから友達も、交友関係も広がっていきますので、組合員さんのお誘いもできるだろうしと考えて、大事にしています。近年、若い方たちの参加が増えています。

高田　個配の方々が友達同士を誘い合っていて、最近は若い方の参加が増えました。
磯野　中計を考えたとき、組合員の平均年齢は四八歳だった。今、三〇代と四〇代の境界線になりました。
高田　ぐ～んと若くなった。
磯野　事業を個配中心に転換しようと。そして個配の利用者が増えて、平均年齢が若くなりました。チューリップ便という一般の個配配達料は一〇五円。そして高齢者の福祉個配と赤ちゃんヨチヨチ世帯の個配は「ハイハイ個配」といって、配達料無料なんです。妊娠期から、赤ちゃんが誕生して一歳までの間に登録したら、利用開始一年間は無料という仕組みです。一年個配を利用したら、その後は、ほとんどの方は、チューリップ便に継続し切り替わっていきます。「ハイハイ個配」は、二〇〇一年から導入し、この一、二年の間に、若い人の利用がグンと広がった。
高田　若い人も、食の安全を求めている。
磯野　今の若いお母さんたちは、子連れでも、外に積極的に出てきてくれる。シッター制度を設け、託児は無料で設けるようにしている。その費用は、無店舗事業の中で負担。シッターは、たすけあいの会に委託します。ずっと、どの場にも、託児を用意してきました。七，八年になります。

高田　そのことが、実ったのかな。三〇代・四〇代が、構成の中で多く占めるようになりました。

―どうして、若い世代のために？

高田　自分たちが、不都合と感じていたことがあった。こんなことがあったらいいとか、どうしたら今の若いお母さんが参加しやすいのかを考えてきた。幸い、私も幼稚園児がいながら理事に、磯野さんはおぶいながら理事会に参加した経験がある。今のお母さんたちは、引きこもり気味だったりとか、声を出し合う場所がない。せっかくここに、いい商品や、楽しい集まりがあるのに。そういう場に参加してもらいたい。だから、どうしたら来やすいかな？　参加しやすいかな？　を考えている。前回はこうしてみたけれど、今回はこうしてみようかとか、細かいことでも、方法なり訴え方なりを考える。いろいろな人が参加しやすいように、制度やいろいろなことを、積んだり、崩したりしながらやっている。参加のあり方、どうしたらみんなが参画してもらえるか。組合員活動の仕組みを変えていきたいと。

磯野　まずは参加、それから参画。

高田　若い人たちは、子育てで手いっぱい。その人たちに、少しでも、生協を根付かせていきたい。意識の中に、生活の中に、少しでも生協を意識してもらいたい。それが、今、若い組合員さんが増えたゆえに嬉しい課題です。

―どうして、そんなに伝えたい、知らせたいと？

磯野　声が反映できる。商品を通じて。それが協同。組合員と事業がリンクできる。生協にめぐりあったのに、それを知らないのはもったいない。

高田　与えられたものをそのまま消費している消費者ではない。この商品について、ああしてほしい、こうしてほしい、ということを生協なら見つめることができる。

スーパーにも、私が育てた大豆でつくった豆腐です、という顔写真の載っている商品は並んでますけれども、じゃこの人と話をしてみたいわと思ったら生協は、ちゃんと受け取ってもらえる、行けるよ、話も聞けるよ。その違いはとても大きい。受け止めてもらえるということが、とても大きいということをみなさんに知って欲しいなぁと。

―今後、生協って?

高田　県生協は、前には進んでいくんでしょうけど……。生活そのもの、組合員の生活そのものって、あんまり変わらないんじゃないか。今も昔も変わらない。この先も大きくは、あんまり変わらないでいてほしい。その中で、もっと同じ思いの人たちをどうやって増やしていくか。次世代につなげていくこと。そういう生活を見ていてくれるところが生協なんだよ、応援してくれるところが生協なんだよ、ということを一人でも多くの人に伝えていきたい。意見はどんどん聞いていくけれど、根っこの部分である生活の部分は大きく変われないし、変わらないし、変えていきたくない。大事なことは変わらない。みんなで横のつながりを、手をつなぐという部分を広げていきたい。変わるのは広げていくということ。

（インタビュー・二〇〇四年一二月一六日）

富山県生協は二〇〇四年、四五周年企画の一つとして、秋に大きなお祭りを開催しました。磯野さんは、その実行委員長をつとめました。会場は県内で一番大きな産業展示館テクノホール。二日間を通じて約三万八千人が来場したそうです。

会場を映し出している写真には、小さな子ども連れのファミリーが多く目につきます。富山県生協の組合員理事たちが、九〇年代から若い層に生協を知ってもらいたいという意志を持ち続けてやってきた成果のひとつの表れのように思いました。

富山県生協の個配事業への本格参入は、全国的に見ると遅いスタートと言えます。子育て層への応援をしたい、その思いも重なって、赤ちゃん世帯に対する一年の個配手数料無料という大胆なサービスを打ち立てることもできました。一年間、個配を利用した若い人たちは、ほとんどが一年後には、個配を引き続き利用をするといいます。生協のよさを実感したり、配達を利用する新しいくらしのスタイルやリズムをつかみ、自分のものにしていくのには、一年という時間がかかるのでしょう。そうして組合員の平均年齢は下がりました。

高田姫子さん、そして磯野滋子さん、彼女たちが持っている若い方たちに生協のよさを知らせたい、広げたい、根付かせたいという情熱にも似たこの思いは、一体どこから、そしてどうして生まれてくるのでしょうか。

日本に市民型生協が登場して以来、たくさんの女性たちが、生協の組合員活動に携わってきました。この活動のフィールドに身を置きながら、成長をとげていく女性たちが、次から次へと現れたのも事実です。「ひと月に、一日だけ会議に出てくれればいいんですという甘い言葉に誘われ、関わってきました」と、どれほどの女性たちが、笑顔で語ってきたことでしょう。楽しいし、おもしろい。そして自分らしくかかわれる。

生協の活動は、女性たちの日常や食卓と直結しています。高田さん、磯野さんが話してくれたように、全国の彼女たちが感じている生協の活動の場の持つ魅力を、私たちは、再びとらえ、再認識したいと思います。

■ みんなでつくる

生協の活動は、そこに参加する人たちに、さまざまな出会いときっかけをもたらしてきました。集い、一緒に何かにとりくみ、互いに向き合い、理解しあう。その場面をいくつも重ねて、人と人がつながり、仲間になる。仲間を得た人たちにとって、生協の活動の場は居心地がよく、その心地よい場は、さらに新たな何かを生み出す力を持つ場に変わっていきます。

そのような場からできた活動のひとつが、全国に広がっている「くらしの助け合いの会」ではないでしょうか。

これは、組合員同士がくらしの中で、たがいにたすけあうシステムです。

人は、たがいに、助け合ってくらしてきました。そこには、「おたがいさま」という考え方が根付いていました。多分、なんでも自分ひとりでできそうな気がしたまま大人になる人が増えたのか、あるいは「助けて」と本音を言うのが苦手になってしまったのか、それとも、他人に迷惑をかけてはいけないという思いが遠慮がちにさせてしまうのか。地域社会の中で、人と人がなんとなく疎遠になってしまった今があります。そこに、もう一度「おたがいさま」の気持ちが行きかう関係を結びなおす。それが、助け合いの会のひとつの役割でもあります。

日本生協連が、一九九〇年から、全国の助け合いの会の活動の統計をとっています。九〇年は、年間で利用会員は二二三六人、活動時間は約六万二千時間でした。それが、この活動にとりくむ生協の数が年々増え、二〇〇三年には七五生協となり、年間の活動時間は約一三四万時間に達しています。大きな数字なのでイメージしにくいのですが、ざっと、一年の活動日を三〇〇日として割り、大雑把な数字でとらえると、全国で毎日、一日約四五〇〇時間もの時間が、組合員さんによる応援活動にあてられていることになります。大きな地域の力になっていると感じます。全国でみると、さきがけとなったコープこうべでは、応援時間が年間五万時間を超える広がりとなっています。

その中のひとつ、二〇〇二年から、助け合い活動をスタートさせた生活協同組合しまね出雲支所の「コープおたがいさまいずも」の話を聞きに訪ねました。

「おたがいさまいずも」は、スタートして三年目で活動時間が年間約三九〇〇時間を超えたそうです。支所の共同購入を利用している組合員は約七〇〇〇人、応援者は二〇〇人ということです。二〇〇四年度の応援者はのべ七〇〇人を超えるそうです。

まずは、コーディネーターの木佐《きさ》裕子《ゆうこ》さん、園山《そのやま》富美《ふみ》さん、角森《つのもり》律子《りつこ》さんに、お話を聞きました。

印象的な最近の事例

園山　一度、託児の依頼をされた若いお母さんが、また同じ人にお願いをしたいわぁって。小学校の就学児検診とか、子どもさんの参観のときに一緒について行ってほしいという依頼があって、また会えてお互いが喜んでおられる姿を見ると、よかったなぁと思う。応援者に聞くと、いつもその利用者の家の前を通ると、どうしておられるかなぁなんて思ってたんだわぁと言われると、すごくうれしい。出会ったなかで、親しくなられて、お互いが心地いい時間をすごせるというのも、いいなぁと思います。

木佐（ゆ）　ある方が手が不自由になられた。でもきれいな字で年賀状を出したいっていう思いがあって。誰か代わりに書いてもらえないですかという依頼があった。はがきを預かって自分の家で代筆してあげるというサービスは他でもあると思うんですけど、その応援者は、二日間、その方の家に行って一緒に書いてあげるという応援をやってくださった。

角森　亡くなられたご主人が大切にされていたお庭の水やりを夏の二カ月間依頼された方がおられました。応援は水やりなんですけど、応援者は、草ぬきもして、とても気にかけておられた。依頼された方は、長時間立っていることができないおばぁちゃんで。自分では水やりができなくて。介護保険ではそこまではしてもらえないのでおたがいさまにお願いしてこられた。応援者はご夫婦で登録しておられて、夫婦協力していろんな応援をしてもらっています。

認めあうことの広がり

「おたがいさま」は、応援時間が増えていくことが、役立ちの広がりの指標です。そのほか、「おたがいさま」の気持ちを、助けあうという行動で結びなおすというように、人の心の変化ももたらします。人と人が認め合う、それもおたがいさまが広げている「価値」のひとつではないかと思います。

「ここは田舎だから、子どもを預けてお母さんが映画を観にいったりは、なかなかできなかった。でもおたがいさまを利用することで、少しずつ、子どもを預けていいという世界は広がっていると思う」

「こんなことを頼んでいいんですかねぇって、恐縮しながら電話をかけてこられる」

「お母さんがそれでリフレッシュできるなら、いいですよと答える。その気持ちだけで数日間は、とてもいい気持ちで家事ができるでしょう」

「こんど、マッケンを見に行くというお母さんの応援があるよね」

「他にも、子どもを預けて、定期的に習い事をされている方もいる」

「おたがいさまだから、頼める。友達に頼むのは心苦しいしね」

立ち上げのときからコーディネーターとしてかかわってきた三人が、この三年を振り返りながら、話していました。子育て中のママが、子どもを「おたがいさま」に預けて、その時間にリフレッシュする。三人はそのような利用のしかたを歓迎しています。

全体では無理、ならば自分たちの地域から

「おたがいさまいずも」の立ち上げの中心的なメンバーである、この地区の四人の理事、木佐《きさ》ふじ子さん、野津久美子《のつくみこ》さん、大国佐恵子《おおくにさえこ》さん、そして景山祐子《かげやまゆうこ》さんにお話を聞きました。

「理事会の福祉小委員会で、たすけあいの会をそろそろつくりましょうかと思ったときに、まずはちばコープで始まった『おたがいさま』の話を聞こうということになり、ちばの村井早苗さんに理事会に来てもらってちばの様子を聞いた。理事会全体としては、どちらかというと最初はちんぷんかんぷん状態だった」と木佐さん。

自分たちの生協にも「おたがいさま」があったらいいなぁと思う人もいれば、そのときにはまだ必要を感じない人もいたようです。ですから、一気に生協しまね全体で立ち上げるというのは無理だと思ったとのこと。託児協力員制度も整い、子育て支援をもっとしたいという思いが比較的共通項になっていた出雲支所でなら、「おたがいさま」を立ち上げていけるかもしれないと四人の理事は考えたそうです。最初は子育て支援の領域だけでもいいというゆるやかな気持ちだったそうです。

「生協しまねのおたがいさまは、利用者と応援者が〝してもらう〟〝してあげる〟という関係ではなく、組合員相互のささえあいを方針にしました」と野津さんは言います。「でも、お互いにどちらもできると、言葉で言うのは簡単でも、それってどうしたらいいんかな、難しいなと思いながら、みんなで考えて考えて、つくってきた」そうです。しまねでは、おたがいさまは、組合員が自分たちの地区（支所単位）で、自主的に立ち上げていくというつくり方に、結果的になっています。最初から、そのスタイルありきを描いてそうなったのではなく、この制度が欲しいと心から願った組合員自身が立ち上げていくしかなかったからだそうです。

「力があれば、専任の事務局を置けたんだろうけど、置けなかったたぁ。だから理事がやってきた」と、みな大笑いしながら言い放っていました。ただし生協全体から、一部活動費や事務所スペースの提供等の応援を受けているとのことです。

彼女たちは生協しまねの理事という名刺も持っていますが、「おたがいさま」の活動の場面では、「おたがいさまいずも」のコーディネーターという名刺で活動をしています。その切り分けがしっかりされていました。

準備期の「集い」を重ねるごとに得た「みんなで決める」

「立ち上げまでの準備期間の中で、いろいろな『集い』を開催した。その場で参加者それぞれのくらしの中の困りごとを聞いたんよね。すると、日々のくらしの中でいろいろなことで困っている様子が見えた。すると、それなら、応援できるよという人が現れる」

野津さんは、その準備期に重ねた話し合いが、その後の「おたがいさま」をつくり、進めていく上で、大事にしたい考え方のベースを築いていくことになったと言います。

「準備会でみんなで十分話し合ってだした結論を大事にする。出されている想いをどう整理して、次の提案事項にしていくかということに徹する。理事でつくる事務局がものごとを決めない。準備会でひとつひとつ、これはどうする？　と聞きながら、みんなで考えて、決めて、やってみようと」

大国さんは、「最初は、いいものをつくらんといけんと思ったから、それで、苦しかった。けどやりながら、変えていけばいいいと。最初から、絶対こうじゃなきゃいけないというのはやめて、できるところからはじめようと思えてラクになった」と言います。

「おたがいさま」の立ち上げの実践が、その後の理事会運営の場面にも、変化をもたらしたと野津さんは言いました。

「これまでのような、理事会で決めたことを地域の人たちにおろしていくパターンじゃなくなってきた。『おたがいさま』で、私たち自身も応援者も利用者も、それぞれがいい感じにできるようにするには、そのときどきにかかわる人たちに聞くしかなく、そうしていけば、あまり間違わないかなという感じをつかみました。それが他の組合員活動にも生かされるようになってきた。自分たちが決めたことをさせるのではなくて、実際にその人たちは、どうなのか？ どう考えておられるのかな？ それを、ちゃんと聞いてということが、少しずつできるようになった」と。

組合員ひとりひとりの声に応えるとか、ひとりひとりを大事にするとは、よく掲げられる言葉です。が、それを実現させるのにはひとりひとりの違いを認めることが必要です。この認めるというのが案外難しいことで、ましてや個人の集合体である組織の共通認識、文化にするのは至難の技なのではないかと思います。

おたがいさまを利用して、赤ちゃんを他人に預け、歯医者さんに行くのは、「困っている」からOK。では、赤ちゃんを預けて美容院に行くのは？　美容院くらいたまには、いいでしょう、だからOK。じゃ、赤ちゃんを預けて習い事は？　テニスは？　コンサートは？　ましてやパチンコは？？

おたがいさまは、ちょっとしたくらしの困りごとを応援しあうとうたっているので、「困りごと」というあいまいな事柄がいつも問われます。

立ち上げていくときの「集い」で得た、「ちょっとした困ったことは誰にもある。困りごとは、困っている人が困っているのであって、それを、あなたのはたいして困ってないでしょう？　なんて、応援する側が判断することではないとみんなで合意できてよかった」と、彼女たちは話していました。

「でもそれは、一度にわかったことではなくて。そのような事例が出てくるたびに、何度も何度も話して理解していったことでもあります」という言葉が添えられていました。

インタビューは、座談会形式となり、彼女たちの話は、言葉が何重にもかさなるような盛り上がりぶり。みんなが、いっぺんに同じことも違うことも話していました。その言葉の断片を最後に記録しておきます。それが、生協の組合員活動の場が培ってきた魅力と価値、そのものであると思えるからです。

「生協は楽しい」「生き生きできる」「いつまでも若いのは、生協で楽しいことしてるから」「他にはない」「ここはやらなきゃダメじゃなくて、やりたいことをする」「自分たちで決めていける」「たくさんの人が集まってくる」「一緒に考える。違う立場の人たちみんなの力でやれるってことがわかってくると、自分たちに力があるような気がして、いい気持ちになって、元気になれる」「主婦の感覚でやれる」。そして、「どこよりも面白い」。

（誰が何を言ったか聞き取るのが困難だったインタビュー・二〇〇五年一月一一日）

4. 新しい価値

生協がこれまでに培ってきた価値を見つめなおすために、京都、東京、埼玉、富山、そして島根を訪ねました。そこで出会った方たちから、「民主的なプロセス」と「信頼」、そして、「つどう場」や「つながり」、または「おもしろい」、「他にはない」というキーワードをいただいたように思います。

民主的なプロセスを踏みながら、組合員が楽しくイキイキと活動を重ねることで、または消費者や組合員から信頼を得るような事業を通じて、私たちはこれまでに、くらしに密着したいろいろな新しいくらしの中の価値を創造してきたのではないでしょうか。

次に、その「新たな価値」について、具体的に見ていきたいと思います。

第一章の門岡弘子さんは、「あの頃（七〇年代）は、消費者運動が明快な頃。食品添加物や合成洗剤が社会的問題だったし、消費者の関心も高く、生協に対する市民の関心も高かった」と話していました。そう、そのような時期が確かにありました。多摩川の流れの上を合成洗剤の白い泡が、雪のように舞う映像をテレビで見た記憶があります。自分たちのくらす環境をよりよいものにしていくために、行政や企業に、消費者が自ら、願いや声を届けました。彼女たちは、同じ願いを持った仲間たちでした。生協の組合員として組織化されていることが彼女たちのベースでもあり、パワーのみなもとでした。そのパワーは、「環境」という分野でも発揮されました。

戦後、経済復興をとげる過程の中で公害問題が発生しました。そして今は、目にみえにくく、長期にわたり地球環境に影響を及ぼす、地球環境問題が私たちを取り巻いています。生協は、流通業の中でも環境問題に対しては、先進的にそして熱心に取り組んできたという評価を得てきました。その歴史の一端を少しだけふりかえってみましょう。

■ 生活習慣

牛乳パックの回収が組合員の手で始まった

牛乳はその昔、ビンに入っていました。それが七〇年代に、紙パックに変わっていきました。八三年頃、山梨県の一部地域で、「パック連」というグループが牛乳パックの回収を始めます。それに呼応して、生協の組合員の中に牛乳パックの回収が広がっていきました。それは、生協の店頭で牛乳パックの回収を組合員が組合員によびかけるというやり方でした。集まった牛乳パックは、組合員自身が自宅に持ち帰り、ある程度たまったら自分たちで問屋に持っていくという進め方でした。当時は、牛乳パックの回収のしかたも、ましてやリサイクルができることさえ知らない人が多いなか、店頭でその考え方や方法が、組合員から組合員に伝えられていきました。その役割を担ったのが、多くの生協では、当時の委員会活動に参加していた組合員でした。

九〇年代になると、生協は、その事業の中で、より環境に配慮したありようを目指します。リサイクルの対象は、もはや牛乳パックにとどまらず、卵パックやトレーやビンへとその対象が広がっていきました。そうなると回収は、組合員任せにはできません。それらの常時回収が、活動から事業に組み込まれていきました。

これらのリサイクル活動は、社会に大きく波及しました。現在ではどこのスーパーにも、リサイクルボックスが置いてあります。

牛乳を飲む。飲み終わったパックは、開き、洗い、乾かす。この作業は私たちの日常の中に溶け込んだ習慣となりました。日常化してまだ日が浅い新しい習慣です。台所で地球環境のために、個人ができるささやかなひと手間。それが当たり前の習慣になったことで、回収され再び資源として生まれ変わっていく道筋ができました。その習慣はすぐに根付いたわけではありません。意欲的に取り組む組合員から組合員に、直接伝えられていった回収の可能性と方法。このプロセスがあったから、新しい習慣は生まれました。

買い物に行くときには、買い物袋を持参するという習慣も、生協の店頭から始まったマイバッグ運動が原点です。また、たとえば、トイレットペーパーなら、「芯なし」とか「コアノンロール」という特徴的な商品を私たちは、くらしの中に取り入れてきました。

生協がこれからも、事業者として、環境に与えうる付加を軽減していく取り組みを積極的に推進していくのは社会的組織としてもちろんのことです。

それに加えて、生協にかかわる人たちがともに、事業や活動を通じて新しい生活習慣をつくっていける可能性もあるのかなと思います。

マイバッグや牛乳パックのリサイクルがそうであったように、ふだんのくらしという営みの中に溶け込んだ環境を思いやる小さなひと手間。このような小さなかけらを増やしていくような地道な生活習慣づくりも、私たちにできそうな領域なのかもしれません。地球環境を守りたいという誰もが持っている願いを実現させていくために、組合員とともに、生協だからできること、というのがあるように思います。

くらしと環境というキーワードに、さらに「子ども」を加えたとりくみがこうべにあると聞き、こうべを訪ねることにしました。

■ 日常的な環境のとりくみ

環境をテーマにした活動は、多くの生協にあります。自然を体験、体感する機会を提供したり、牛乳パックの紙すきや廃油でせっけんづくりをするなどの活動が、全国の生協で、多様に展開されてきました。

そのようななか、コープこうべには、子どもが日常的にとりくめるプログラムがあると聞きました。環境にやさしい行動をどうやったら生活習慣にできるのか、それも大切な視点です。そこで、こうべでのとりくみの話を聞くために、立ち上げ当時の担当で、現在、環境推進室担当係長の寺下晃司《てらしたこうじ》さんを訪ねました。

「虹っ子ecoチャレンジ」

二〇〇〇年から、コープこうべでは、「虹っ子ｅｃｏチャレンジ」という取り組みが始まったそうです。これは、子どもたちに環境のことを知ってもらうために始めたプログラムです。手のひらに収まる大きさに折られたカラフルなシートがあります。それを広げると、そこには「ようこそ、エコチャレンジワールドへ」という文字が書かれています。まるで宝島の地図みたいです。

四つのエコワールドがあり、そこには、子どもにもチャレンジできるメニューが並んでいます。たとえば、「お店ではどんなものを回収しているかな？　お店の人に聞いてみよう」とか、「君のまちの水はどこから来ているんだろう？」という質問があります。また子どもにできそうな、「自分の買い物ぶくろを持って買い物に行こう！」「リサイクルにチャレンジ」、「給食を残さず食べよう」という活動項目もあります。これらを実行したら、親や先生からサインをもらいます。三一のチャンレジ項目のうち、一一個をクリアしたら、「かんきょう活動証明書」に名前を書いてエントリー。遊び心いっぱいのシートです。このシートはコープこうべの店頭に置かれ、子どもたちがお母さんと買い物に来たときに手にとり、チャレンジできるしくみになっています。

日常的なことができないか？

「当時、学校でも環境への関心が高まっていて、コープこうべではどういうことができるのか？　と考えました。それまでも、コープ委員会が、子どもを集めてリサイクル施設を見学するとかはやっていましたが、もっと日常的なことができないかと。どうして、日常的なことと考えたかというと、西宮市に、アースウォッチングクラブというとりくみがある。それはエコカードを小学生に配って、子どもたちが環境について触れたり、学んだりしたときに、そのカードにスタンプを押してもらうものです。たとえば集団回収に新聞紙を持っていったら近所のおじさんからスタンプをもらう。あるいは文房具店でエコ文具を買えば、お店の人からスタンプをもらう。そしてコープで環境商品を買ったり、マイバッグを持ってきたりしたら、サービスカウンターでスタンプをもらう。すごく日常のくらしに落とし込んでいるとりくみで、いいなぁと思った。そこで、そのようなとりくみを兵庫県全域で、組合員さんの子どもさんを対象にできないかなぁと。

もうひとつには、生協の事業とリンクした活動をしたいと思った。どこかの施設見学にバスを仕立てて行くとか、自然観察会とか、牛乳パックを使ったエコ工作とか……。それはそれで大事。でも、それって、どこでもできますやん？　お店なら生きた日常の環境学習の場になるんじゃないかなと。事業を持っている生協ならではのとりくみとして何かできないかなと。店は日常の中で環境に配慮した仕事をやっている。子どもたちが日常のくらしの中で、学ぶきっかけを大人たちが与える。それを生協がやってもいいんじゃないかと思った。

生協なら、お店に行って商品を見れば、いろいろな表示があるし。そこから消費者教育的なことや環境のことを学べる。マイバッグやリサイクルとか具体的な取り組みにも参加できる。そういう素材がお店にあるので、子ども一人でもシートさえ持っていれば、場とか日時に縛られずに、お店で環境のことを学ぶことができる。そういうことも大事かなと」

この後のフォローが課題でした

「二〇〇〇年に始まって毎年、約一〇〇〇人の子どもがエントリーしてくれました。ところが課題もありまして。それは参加した後の子どもたちのフォローをどうしていくのかということ。以前なら、コープ委員会が受け皿になって、次の支援をするということができたかもしれないけど、コープ委員会に、一律に環境の活動を本部から提供するという在り方も見直す時期にきていた。ちょうど、その頃、コープこうべでは、食育にも取り組んでいくことになり、エコチャレンジと同じように、子どもたちに食育プログラムを提供することになった。さらにそこに参加した子どもたちによびかけて、地域で食育活動をする『食育くらぶ』も立ち上げるということに。それならエコチャレンジと一緒にしようと、そうすれば、子どもたちのフォローは『食育くらぶ』がしていける。そこで二〇〇二年から『虹っ子エコ&フードチャレンジ』というシートができ、環境活動と食育のとりくみへの参加メニューが一体となったツールが完成して今に至っています」

地球はありがとうとは言ってくれない

「一方で、地域で環境のとりくみを行なう『コープEARTHくらぶ』というものを立ち上げています。このくらぶでも、子どもを対象にした活動もしている。たとえば、尼崎の『コープEARTHくらぶ』は、コープ園田店と尼崎市と大学の学生さんと一緒に、NPO子ども環境活動支援協会の持っているプログラムを、子どもたちを集めてやりました。お店を環境学習の場にする。環境マークを探したり、お店のとりくみをヒアリングしたり。尼崎市が小学校でもよびかけてくれたとりくみになりました。

通常、福祉とか料理というテーマは喜ぶ人がいますやんか？　環境だけは、喜ぶ人がいないいんですよね。地球はありがとうとは言わない。直接喜ぶ人からありがとうが返ってこないところに、広がりをつくるという点の難しさがあるなと思っています。また自然保護や自然観察など自然系のとりくみやプログラムはけっこうある。でもくらしの中で、日常的に何をしていくのかを考えるようなものがあまりない。ある講演会で聞きました。今、アメリカは反省している、と。自然観察系とか自然体験系を一生懸命やってきたけど、実際にアメリカ人の生活は何も変わっていないと。自然系も大事にしながら、さらにくらしの中に環境活動が落とし込まれていくようなことも大切なんじゃないかと。だから実際に子どもたちがふだん買い物にくる店で、このシートを使い、買い物をしながら、母親と一緒にリサイクルのこととか、みんなが食べるものって遠いところから来てるんだねとか、そんな会話をしながら、日常の中にあるものと『環境』をつなぐような、そういう役立ちができればなぁと考えました」

お店を環境教育の受け皿に

「お店を環境教育の受け皿にするとき、お店の職員は、子どもたちの前で自分の仕事を語ればいいと思う。マイバッグ運動のことやリサイクルのこと、水産・農産・畜産の職員なら、取り扱っている『フードプラン』の商品のこと、子どもたちがいつも食べている野菜や肉、魚がどこからどんな風に店にきて、バックヤードでどう手が入れられるか、それを知ることって、くらしや環境、食のことを考える上で、大切ですよね。尼崎でやったときは、子どもたちが各バックヤードに行って、ごみの話とか聞くわけです。ついついもっともっと話し出すチーフがいるわけですよ。それが面白い。ある水産チーフが魚の話をして、『魚さばいてるのみたいか？』って子どもらに聞く。すると『見たい』って。ぶりをさばいて見せて、『食べたいか？』って聞く。すると『食べたい』って。ぶりの刺身をつくって食べさせるんです。ねぇ、そんな感じでやっていくと、職員もいいですやん？　自分の仕事を子どもたちに、こんな風に仕事してるって見せながら話す。大事だと思うんですよね。人に伝えるってことが。子どもはコープさんでこんなんの見てきたよぉって。その後の親近感ぜんぜん変わりますよね。そんなことを地道にやっていければ、いいんだろうなぁって、思いますよね」

どのように一般組合員に働きかけていくのかが課題

「最近、『生協は他のスーパーと変わらない』とよく言われます。これまでは、環境商品のこと、リサイクルのこと、マイバッグ運動のことなど、コープ委員会に伝えて、グループ連絡会に伝えて、またそこから口コミで地域の組合員さんに伝わって、ということで広げてきた。その力が強力だったので、私たちも情報提供などそこに労力をかなりさいてきた。ところが地域社会も組合員のくらしも変わってきた。協同購入のグループが成り立たないとか、深夜までの営業で昼間の組合員活動では伝えられない組合員が買い物に来るとか。一方で、大手量販店の、私たちは環境のことを考えています！というたコマーシャルに負けてしまうこともある。これから先を考えると、情報提供の仕方を変えないと。どのように一般組合員に働きかけていくのかが課題ですね。その点、お子さんがチャレンジシートを手にとる組合員さんはいわゆるこうべの活動にかかわっているコア層ではありません。新しい組合員さんです。新しい可能性を持っていると思う。

ただ、これやっているから子どもがたくさんお店に来て、そういう組合員がようたくさん買ってくれるわぁ、となれば現場も目の色が変わるんですけど。なかなか……」

（インタビュー・二〇〇五年四月一日）

「虹っ子ecoチャレンジ」というプログラムは、子どもたちが「ふだんのくらし」の中にある身近な環境問題に目を向けるきっかけとなり、しかもいつでも好きなときにチャレンジできるものでした。そしてそのフィールドは、ふだんよく行く生協のお店。生協の環境に配慮した事業を知る機会にもなるし、そこで働く人たちとコミュニケーションもはかれる。生協の姿勢と環境への心づかいをふだんのくらしに根付かせ、次世代につなぐ新たなとりくみの形でした。

私たちは、いつも、その時代が求めるくらしの要求に、その得意な領域で応え続けてきました。私たちのもう一つの得意分野である、「食生活」という領域においての「新たな生活習慣」という「価値」を探ってみたいと思います。

■ 食生活の新提案

牛乳パックのリサイクルや買い物のときにはマイバッグを持参するという生活習慣ができたのも、また、こうべの寺下さんに教えていただいたのですが、コアノンロールの幅が環境によりやさしい一一四ミリから一〇五ミリに狭くなったのも、やはり組合員の声から生まれたものでした。

生協にかかわる私たちは生協の活動や商品を通じて、新しい生活習慣を少しずつ作ってきたようです。

新しいくらしの習慣という視点で、私たちが創造してきたものを見直すと、まだまだ、いろいろありそうに思えます。

一九六〇年に誕生したコープ商品。「CO・OP生協バター」から始まった商品開発は、現在、約五四〇〇品目、各生協独自のものを含めると、約一五〇〇〇品目にのぼります（日本生協連ホームページより）。これら数え切れないほどの開発にまつわる物語も生協が育んできた価値のひとつです。

最近ヒットしているコープ商品に着目してみましょう。

飲料酢という言葉を耳にするようになったのは、全国的にはごく最近のことだと思います。共同購入のカタログや店舗の棚に、調味料ではない「酢」が並び始めました。果汁入りのお酢は、炭酸で割ったり、牛乳に混ぜたりしてジュース感覚で飲む習慣が広がっています。

このブームの火付け役が、日本生協連の百田《ひゃくた》孝行《のりゆき》さんです。

彼は、商品本部に異動した二〇〇〇年の春に、りんご果汁入り黒酢の開発をてがけます。コープ商品としては、一〇年前から鹿児島県の坂元醸造の黒酢がありました。鹿児島では酢を割って飲む習慣があることを知ります。ところが、それは決して誰にでも飲みやすいものではないと彼は感じます。そこから彼の新商品の開発が始まりました。

目指したのは、誰もが毎日飲める味と価格

「黒酢は、まずヘビーな健康志向の人たちの間に広がりはじめました。そういう人は飲むんでしょうけど、健康志向がミドル、ライトの人にも飲んで欲しいと考えたとき、安易だったけど、甘くして果汁入れて、黒酢のにおいを消してという具合に作ったのが、『りんご果汁入り黒酢』です。二〇〇〇年の春に立ち上げた。当時は世の中に、酢に果汁を入れたものはあまりないんですけど。発売一年目に一億円いった。隠れたヒット商品ですわ。果汁系の酢のさきがけ。当時は調味料担当としての開発ですから、お前は飲料担当じゃないだろうってバカにされました。今では果汁系の酢は、調味料の分類でもコアな事業になった。シリーズもんも増えましたので全品足すと年間一〇億円の売り上げです。

新しい提案が浸透するのは、気持ちいい！　当時は、生協に付き合う坂元醸造さんは特別な企業ですねっていうのが大手の酢のメーカーさんの評価ですわ。でも私には、自信がありました。坂元醸造さんの黒酢は、当時ですでに二億円売り上げてた。飲んでる人がいる。それを飲みやすくしたかった。だって自分が飲むとおいしくなかった。酢を

飲むと体にいいんだよっていうのは、頭でわかってても、大多数の組合員さんは、酢なんて飲めないって考えている。だから毎日飲める味と毎日飲める価格を追求しました。そこまでして酢なんて飲まないよという冷たい目線を感じても、とにかく、ひとつやらせてくれって。そうして、飲用酢を考え出したのは、私がさきがけで、私と坂元醸造の関係の中からできたんですわ。昔、コープかごしまがやってた。コープかごしまと坂元醸造の独自のとりくみを九州支所が取り上げて九州全体に広めて、それを全国に広めた。飲用酢は、最初は鹿児島からの始まりだった。それがエリアになって、全国になって、それをもう少し飲みやすくすることで果汁を入れて、そうするとみんなが手に取りやすくなっていった。そういうとりくみの中で、市場ができていったんですよ。生協がかなり加担したし、リードしたと言えます」

フリーズドライと健康をくっつけたら　もずくスープに

「年間で一〇〇アイテムぐらいはさわる。新商品は三〇ぐらい。年間オリジナル一〇アイテム。そのうちあたるのが、二本か三本です。年一億円以上売れるのがヒット商品。

全くの新商品で、年間一億円以上売れるのは、せいぜい三、四品でしょう。その中で、毎年、一億円商品つくってきてます。ヒットメーカーっぽい伝説が出てきて。そろそろプレッシャーですわ（笑）。

二年目のヒットは、もずくスープです。今年の一月に全国でとりくんでいただいて、ひと月で一億円です。今年度は年間七億円いくでしょう。大ヒット商品。これは具だくさんシリーズのスープ。フリーズドライスープは、生協ではたまごスープを一生懸命昔からとりくんできました。フリーズドライのスープは、お湯かけたら便利でおいしいという組合員の認知が高い。その後、違うものを提案しきれなかった。それをもずくスープから新たなシリーズを始め、フリーズドライのスープは年間で一五億円を超えて二〇億円くらいいくようになりました。生協のシェアが三〇％くらい。フリーズドライスープの良さは、生協の組合員さんが一番よう知っとる。一見高く見える。一袋六〇～七〇円くらいする。ところが、朝、お湯注ぐだけで、あんな幸せなスープはない。

商品開発は連想ゲームです。生協でとくに売れているものがある。じゃ、これをもっと利用してもらうためには、どんなのがええかっていうことで連想する。キーワードの一つは健康志向。だから『具がたくさん』『きのこがたくさん』『海草がたくさん』とか『もずく』とか『野菜がたくさん』とか。そこでできたんがもずくスープですわ」

連想ゲームで、春雨入りスープ

「さらなる連想ゲームで、できたのが『春雨入りスープ』シリーズ。〇三年に開発。『あっさりごまわかめ』と『とろみ中華チンゲン菜』。最初は、子どもにも食べて欲しくて無難な味を。その後、三品目でピリカラにした。

世の中ではカップで売ってる。ひとつ一五〇円くらい。生協でやるには、組合員さんは子どもにも食べさせたいし、お父さんにも食べさせたい。カップはもったいないという発想がある。だったら、家のカップでできるようにノンカップにして値段をグッと下げる。量もカップよりは少なくなりますが手軽さを売りにした。あの形態で売れているのは生協だけ。コンビニで売れているものをヒントにしたけれども、生協は生活シーンが違うだろうと。一家の主婦はこんなもん一個一五〇円で買わへんよ。もったいないもの。一〇〇円になっても買わないと思う。世の中で春雨ブームが始まろうとしてたんですけど、生協でやるにはどうしたらいいかと考えた。これもフリーズドライスープからの連想ゲームですね。あれもあたりましたね。おかげさまで（笑）」

とうとう炊き込みご飯の素　二合・三合論争に決着か？

「もずくスープが売れすぎて、工場が大変ですわって、メーカーの営業さんが話すんです。工場で忙しいから、残業のときに、もずくスープをご飯に入れて炊いて食べてますって。え？　なにそれ？　まじめにやったらおもしろいんとちゃうかぁということでできたのが、『CO・OP 鶏ごぼう釜飯の素』（二〇〇四年「日本生協連GENKI大賞」に輝いた商品）。釜飯の素の担当になったときに、二合論議三合論議っていうのがあった。三合じゃ多いという要望がある。ただ三合を二合にするのは非常に勇気がいる。市場のデータを調べても、一番大きなM屋さんでも三合炊きでやってる。あれが二合にならない限り、大多数のファミリー層である七割の方が、二合では足らない、二個買わすつもりかということになる。レトルトの釜飯担当はずっと悩んでた。もちろん二合用も出したこともあった、そんなむちゃくちゃにヒットするわけでもなかった。ところが、あのフリーズドライスープと同じ形になったら一合から炊ける。悩みも解消ですわ。種類がたくさんでてます。鳥ごぼう釜飯、きのこ釜飯、チキンガーリックピラフ、きのこバターピラフ、そしてパエリア、カレーピラフにタコ飯。今度の秋には、もうやめとけって言われそうなんですけど鯛めしが出ます。あとはね赤飯の素。生協の組合員さんは、わりと赤飯好きなんですよ。レトルトの赤飯も売れてますし、缶詰で赤飯の素知ってはりますか？　缶詰で、カンカン空けて小豆が入って。あれも三合なんですよ。あれを一合ずつにという開発を今やってます」

●…今まで他社製品の炊き込みご飯では一応に米三合の内容でしたので、高齢者の一人暮らしには、多すぎて困っていました。この度の商品の内容が米一合につき一袋のかやくでしたので、「よかった」「よかった」と思い、早速に二袋米二合で炊きましたが味もよく美味しくいただきました。「工夫の商品ありがとうございました」。またいろいろ助かる商品を開発してください。

これは、鶏ごぼう釜飯の素に対する、ある生協の組合員さんからのお礼状です。「よかった」「よかった」の言葉があります。この新しい商品がひとり暮らしをされている今にマッチしたのでしょう。さらに、その新しさを「工夫の商品」とも表現しています。年々重ねる年齢とともに変化する私たちのくらし。そして老いとともに、制約が多くなり、できることが減っていくのは、きっと寂しいことでしょう。けれど、老いても使える新しく工夫された商品は、きっとうれしい。この組合員さんが、そのことを伝えてくれています。釜飯が気軽に、食べたいだけ炊ける。しかもオイシイ。新しい食のシーンを提供したようです。

ヒット商品を生み出す秘訣

「つぼがあるんですよ、つぼが！　唐突に新しい発想をしても、世の中に認知がなかったり、なじみがなかったりすると絶対に受け入れられない。ところが生協は、昔から少し世の中と違ったことをやってきた歴史があるから、先輩たちが築いた売れてる商品に学べばいい。たとえばたまごスープは、世の中の倍くらい売ってた。ということはフリーズドライがいいことは組合員がよう知ってる。じゃあ、スープ、フリーズドライというのを残して、次を連想していく。ゼロからはダメ。ゼロからはひとりよがり。これが私の持論。コンセプトをはずさず、そこにパーツ、パーツを組み合わせていく。

マニア受けする商品とか、非常にコアな組合員さん向けとかではなく、もっと気軽に、それでも世の中にくらべて環境にいいとか、価格が安いものでだれもが利用できる、そんな商品がいい。いろんなニーズに応えられるから。

先人で言うと、ミックスキャロットとか、大豆ドライパックとか、だしパック。生協でしか買えないもの。生協の組合員さんが発想して、口コミで広げた。生協でこんないいもん売ってるよって、組合員さんが育ててきた商品。この視点を絶対持たなあかん。オリジナル、生協しか売ってないというものをつくり続けていかないと。商品には、寿命がありますから、必ずすたれる。常にチャレンジしていかなあかんと。

昔、夏にね、大阪中の燃えないゴミ置き場が、ミックスキャロットのカンカンだらけになったみたいなね。商品づくりの現場の最前線にいるわれわれには、そういう気概がいるなぁと。生協らしさって、それは組合員さんと一緒に活動できること。売るために世の中は、コマーシャル。生協はコマーシャルはしない。予算も金もない。もちろんそういうことをコストにのせてないから安い価格が出せる。組合員さんとの交流を図るなかで、専従側と組合員さんが一緒に商品を育て、広めていかな」

（インタビュー・二〇〇五年二月一日）

もずくスープに続き、十種雑穀スープ、海の七草スープをつくった〇二年に、彼はコープえひめの配達担当者たちの前に立ちます。それはこの新商品の説明をする場でした。商品のコンセプトや開発の裏話が語られました。そして彼は伝えます。「限られた時間の中で、大変なご苦労と工夫の中での組合員さんとのコミュニケーションになるとは思うのですが、今日お話をさせていただいたことが少しでも直接組合員さんに接している皆さん方の営業活動のお役に立てればと思います。またこれを機会に、決して他のライバル量販店では買うことのできない、また差別化のかなめでもある、全国の会員生協と組合員さんが育てていくコープ商品のことに、興味を持っていただき組合員さんに広めていただければと思います」と。

コープえひめでは、ふだんは一アイテムにつき一〇〇万円を売りあげれば、よく売れたという評価とのこと。ところが、この百田さんの話を聞いた担当者たちのオススメで、海の七草スープは、一週で約八〇〇万円の供給があったそうです。

「いやぁ、現場の担当さんらの力を感じました」と彼。そう、現場の担当者たちも、開発担当者の熱意に触れ、商品の力を感じたからできたオススメだったのでしょう。

「飲料酢」という新たな食習慣が、全国の組合員に浸透していくきっかけとなったそのエピソードを聞きたくて百田さんを訪ねたのですが、話はそこにとどまらず、コープ商品の開発と彼流ヒットのコツにまで及びました。彼の話を通じて、私たちには、「コープ商品」というオリジナル商品があることを感じることができました。

彼が何度も口にした「オリジナル」という言葉。他では買うことのできないコープ商品のもつオリジナリティ、これも確かに生協が組合員とともに育んできた「価値」そのものです。

■ 新たな子育て支援事業

二〇〇〇年以降、「子育て支援」、「次世代育成支援」という言葉をよく聞き、目にするようになりました。少子化に歯止めがかからず、日本の社会は、超高齢・少子化時代に突入しています。子どもを育てやすい社会を実現するために、官が、民や市民セクターをも巻き込み、子育て支援が真っ盛りとなっています。

ひるがえって、生協ではどうかというと、歴史的に見て、生協を利用し始める人たちの動機は、子どもや家族のためにという願いからの出発が多く、生協の事業そのものが、子育て支援であったという言い方もできます。全国で育んできた、助け合いの会や、組合員が集う場に用意される託児・保育システムもそうだし、さらには班という小さな共同体が、子育て中の母親同士のささえあいの場にもなっていました。いや今もそのように機能している班があることでしょう。また近年で言えば、個配という配達形態が、子育て中の母親たちの助けになっているのは言うまでもないことです。

私は買い物中、子どもにお菓子を与えたことがあります。「泣いたら」とか「グズッたら」ではなく、ベビーカーやカートに乗っているのをいやがり、降りて動き回りたがるので困るからです。お店の商品を物色したり、迷子になったり、追いかけると逃げ回るし……。娘は一歳五カ月。まだ言葉を理解しているのか、していないのか、ダメなことを教えても何度も繰り返します。子どもを置いて買い物に行くわけにもいかず、大変苦労しています。最近では、コープの個人宅配を利用したり、まとめ買いをしたりして、子どもとお店に行く回数を減らしていますが、それでも申し訳ないと思いつつ、その奥の手としてお菓子に頼るときがあるのです。子どもを上手におとなしくさせて、買い物をする方法があればぜひ教えてください。

これは、コープかながわの機関紙「ＭＩＯ」二〇〇四年一二月号のリレートークコーナーに投稿された組合員の声です。買い物中、子どもに物を食べさせるのってどう思いますか？　という問いかけに寄せられた声の一つです。子どもたちにとって、魅力的な売り場である今の大型店舗の売り場は、子連れのお母さんたちにとって、悩ましい場になっているようです。

どうしてもっと早く加入しなかったんだろう。双子が生まれて二年五カ月、毎日の食事を買い出しに行くのはとても大変でした。今、宅配サービスにたよりっきりで、スーパーに行く事は、ほとんどなくなりました。買い物に行く時間（＋《プラス》調理時間）を、子どもと楽しく遊ぶ時間に使ってあげられます。冷凍食品やおそうざいにたよっていますが、子どもとの時間を大切にできることが、私にとってとても良い点です。これからも食品・雑貨だけでなく、子どもと過ごす時間を配達してもらえるＣＯ－ＯＰとして、おつきあいさせてください。

これは、ちばコープに寄せられた、組合員のひとことカードです。

かながわの声も、ちばの声も、今の若い世代のくらしにとって、子育てが決してラクチンなものではないこと、そしてそんな彼女たちにとって、生協の「個人宅配」がくらしの応援になっていることを教えてくれています。

NPOとの協働で新たなサービスを併設

「個配」に限ることなく、生協には多様な子育て支援のシステムや活動がこれまでにもありました。二一世紀に入り、その要望はますます大きくなっています。

全国で広がりを見せる活動のひとつに「子育て広場」があります。この「広場」づくりに、積極的にとりくんでいる生協が、全国に多数あります。

子育て広場とは、親子が気軽に集い、親同士の交流ができる場です。主に店舗の集会室で開催され、ひと月に一度とか週に一曜日という頻度で開かれています。二〇〇四年、生協の子育て広場は全国で一八〇カ所を超えました。

これら組合員活動のひとつとして展開している子育て広場とは少し違う活動が、福井県民生協にあると聞き、訪ねました。仕掛け役を果たした、当時は地区本部長だった中《なか》川《がわ》政《まさ》弘《ひろ》さんに、お話を聞きました。

子育て世代に足を運んでもらえる店にしたい

「ハーツつるがは、二〇〇三年三月にオープンしました。四〇〇坪店舗です。福井県民生協は、組合員の高齢化が進み、未来を支える若年層が伸び悩んでいました。また共働き率も高いこの地域では、子育て支援の要望も強い。そこで新規出店のハーツつるがは、子育て層をメインターゲットにするという戦略を打ち出すことになりました。これまでよりも、より多くのお母さんたちに来店してもらえるようなお店にしたかった。で、具体的にはどうしようかと考えている時に、組合員活動のサポーターから『きらきらくらぶ』が、最近会場が手狭になり困っているという話を偶然聞きました。

『きらきらくらぶ』は敦賀市内で一一年間、二、三歳児の保育を中心に自主活動をしてきた団体です。保育の他にも市から委託された子育て広場や一時預かり等の多彩な子育て支援のサービスを展開していました。二年前にNPO法人格を取得したその『きらきらくらぶ』が会場がなくて困っている。だったら新しい店で事業をしてもらえれば、若い組合員の来店に絶対つながる！　と直感しました。それに続いてダンス教室の話もつながっていきました。ダンス教室を展開している『ジェリービーンズ』は、一九九六年から事業を開始していて、敦賀祭りカーニバルなどにも参加している市民からは親しまれているNPOです。

店が開店すると、『きらきらくらぶ』には約一五〇人の子どもが通っています。ダンス教室のキッズクラス（四歳から小学六年生まで）には約二四〇人が通っています。二つの施設に通う子どもの送迎のために、毎日、たくさんのお母さんたちがハーツつるがに来店しています」

若い世代への生協の新たな伝え方

二つのＮＰＯからの家賃収入だけではなく、このＮＰＯ利用者のハーツつるがでの買物の売上高が、お店の実績に大きく貢献していることがわかり全国から注目を集めました。〇三年度、大型班も含めた三つの施設利用者のお店での買物高が一億円を超えたのです。さらにこの他にも、事業にもたらした効果があると中川さんは言います。

「それは、新しい仲間づくりのスタイルかなぁ。どういう事かというと、未就園期のこどもは『きらきらくらぶ』に通います。その子どもが幼稚園に入ると、今度は小学校期までダンス教室に通うようになる。そのけっこう長い間の子どもの送迎のために、毎日母親が店に来店するわけです。このことで何が起きたかというと、仲間づくりをしなくても、店に来た人たちが自然に生協に加入するようになったんです」

「つねづね、これら若い世代は、昔の組合員さんとは違い、生協の良さをストレートに伝えたら、ヒク世代だと考えてきました。だから自然な形で生協を利用し、加入につながるようなしかけが必要だと。ですからあえて教室で商品の紹介などはしない。応援らしい応援といえば、年に一度の『きらきら』の運動会にミックスキャロットを提供するだけ。ただしこのときも生協の売り込みは一切しないのが信条です。若い世代の取り込みに失敗すれば、事業の未来をつくれない。だからこそ、その世代にマッチしたしかけが必要で、この店のメインターゲットは、子育て世代と位置付けたのです」

これまで生協の子育て支援は、集う場の提供が多かったように思います。福井の発想は、生協の店舗に、日常生活に密着したサービスを提供する事業者を併設させるというものです。買い物のほかにも、子育て真っ最中の母親たちが利用したいサービスがあるのは、若い母親たちには魅力的なお店と感じられることでしょう。

「この二つのＮＰＯと生協との関係は、あくまでも対等な関係です。『きらきら』に対し、生協がしたのは、施設をつくるときに使いやすいように意見を聞いたことと、年に一度の秋の運動会にミッキャロを進呈することだけ。『まちづくり』と感じられるものを事業で実現したかった。その一歩がNPOの誘致です。だって、来る人にとって便利でしょ。これが、今の自分たちにできる社会貢献だと考えています。自立的な活動を展開している団体、NPOだからこそ、地域の組合員に対して、継続的、日常的に必要とされるサービスが提供でき、そのサービスこそが、組合員ひいては地域住民のくらしにほんとう役立てるサービスだと今は考えています」と、中川さんは話していました。

子育て支援を活動から事業へ

これらの実践から、福井県民生協では子育て支援を活動から事業へ転換していくことになったそうです。

二〇〇五年四月一日、ハーツ羽水《うすい》に、「子育てサポートハーツきっず羽水」がオープンしました。この立ち上げの準備段階から指揮をとってきた、福祉事業部子育て支援グループ課長の堀内守《ほりうちまもる》さんに、お話を聞きました。

「ハーツつるがの実践から、子育て支援は継続発展させていくべき課題と位置づけ、活動から事業へと切り替えていくことになり、羽水では、職員、スタッフを有給で配置してサービスを開始しました。施設は、真中に間仕切りがあり、子育てひろばの『ひよこルーム』と一時預かりの『うさぎルーム』となっています。ひろばは、三歳までのお子さんづれの親子が対象で、月曜日から土曜日の一〇時から一六時までオープンしていて、一時預かりの方は、対象が一～三歳児、営業は月曜日から土曜日の一〇時～一七時、年会費一〇〇〇円で、利用料は一時間七五〇円となっています。

オープン以来、ひろばには、一日平均二三組の親子が来場しています。多いときは三〇組以上の親子がいる日もありました。一時預かりは、現在のところ一日平均二人となっています。一日で五人のお子さんを預かった日もあります」

新たな店には、必ず併設

「三年目からの黒字を目指しています。ひよこルームは、六月一日から福井市のつどいの広場事業の一つとして、委託を受けることにもなりました。これによって市からの受託金収入が得られます。さらに、ＮＰＯ法人『きらきらくらぶ』代表の林氏に子育て支援事業の顧問となっていただいていて、きらきらさんが展開しているお母さんたちからのニーズも高い、二、三歳児の曜日別保育を次年度から展開する準備をしていきます。独自で採算が合う事業にするにはとてもハードルが高いと考えています。しかし行政との協働をはかり、行政にはできないサービスを生協がして、お互いにおぎないあっていくなかで、採算が合う事業に育てていきたいと思っています。

二〇〇九年までに、福井県民生協ではこのような子育て支援事業を展開する施設をあわせて七カ所つくっていく方針を第七次中期計画に盛り込みました。今年の夏には、デイサービスの施設の中にも設置します。今後出店する新たな店には、必ず併設することを計画しています」

「行政との折衝などの場面では、あちらも生協のことはよく知らないので、説明をする場面があったりと難しいこともあるんですが、自分がしてきたこれまでの仕事とはまったく違う領域なのでおもしろいです。毎日いろいろなことが起きますしね。来てくれた若い方たちに喜んでもらえるような場にもしていきたいです」と、堀内さんは語ってくれました。

（取材・二〇〇四年一一月八日&二〇〇五年四月二〇日）

少子化に、歯止めがかかる気配はありません。日本の人口が減少し始めるときが目の前に迫っています。待ったなし。次世代育成支援は急務です。生協もより生協らしい役割を求められることでしょう。

時代が求める新たな領域での新たな事業展開。採算の合う事業にしていくのは困難だと思います。しかし堀内さんは言いました。「育てていきたい」と。

そこには、生協がその誕生のときから、「いのち」を育てる人としての営みに貢献する事業であったという歴史的な事実と、そのために力を尽くしたいという生協職員の遺伝子が引き継がれているように感じました。福井の挑戦が、より生協の子育て支援に、活動、事業を問わず、厚みを増していくきっかけになるような予感を与えてくれています。

5.

いま、ある「不安」

これまでは、生協が培ってきた「価値」とその価値が放つ魅力を感じられるような事例に焦点をあててきました。私たちは、その時代時代のなかで、活動の場面では組合員が主体的に、また事業においては組合員の声や願いをもとに、よりくらしに役立つ新たな何かをつくってきました。そして、第四章の最後に紹介した、福井県民生協の子育て支援事業のように、新しいチャレンジが繰り返されてきたことも記憶しています。

でも、何か、落ち着かない。

その落ち着かない感じを持っている人が少なくないのも、「今」ではないでしょうか。そうです。本書は、「このままで、いいのでしょうか?」という疑問からスタートしました。そして、培ってきた価値、言い換えれば「生協らしさ」とはなんだったのかを振り返ることで、自己理解を深めてきました。

ここで、改めて現状に対する理解を深めたいと思います。

「不安」を感じる「今」を、この章では正面から見つめます。ふだんはあまり聞こえてこない「声」に耳を傾けてみましょう。

■ 仲間づくりという重い課題

今年も、春がきました。春は、多くの生協で、お誘い、仲間づくり、組合員拡大のキャンペーンが繰り広げられます。

日本経済は、回復の兆しを見せています。小売業界の競争は厳しさを増し、共同購入においては、一人あたりの利用高が伸びない傾向にあります。となれば利用人数を伸ばすことに力を注ぐのは当然のことです。仲間づくりの目標は高いものになっていきます。

いま、共同購入のセンターで働く、配達担当の職員にとって、現場の仕事はどのようなものに感じられているのでしょうか。

ある生協の一人の担当者、Sさんに話を聞きました。

彼らと「数字」

「この仕事始めて一〇年目。楽しいよ、配達の仕事は。前より少なくなったけど、それでも組合員には会えるし、組合員さんの子どもたちも、トラック見ると手ふってくれるし。でも、楽しいことばかりじゃないよ。仕事なんだから。そんなの当たり前なんだけどね。お誘いとかさ、共済とかさ。そのほかにも、本当にいろいろあるんだよ。ほとんど毎週、何かしら、課題がある。でも、それなりにがんばってるよ。でもさ、一体どこまでやればいいのかがわかんないんだよなぁ」

「前は、組合員と一緒にいろいろなことができた。自分のコースの組合員さんの声から、商品の改善ができたこともあった。あの時のやりとりは楽しかった。当時は、配達の他の仕事は、めんどくせーなぁと思ったこともあったけど。でも、今おもえば、楽しかった。最近は、そういうこともなくなった。

去年なんか、ぜんぜんやる気がなくなった。数字はやれ、残業はするな、どうしろって？　なんか、どうでもよくなって。ぜんぜん力入んなかった。そうしたら、落としまくり。一〇年前より生協は大きくなったよ。確かに、大きくなった。組合員も増えた。でも、大きくなって、何かよくなった？　自分にはよくなったと思えない。どこまでやればいいのかわかんないよね」

自分の家族のためにがんばるのだと、子どもの写真を携帯の待ち受け画面に貼り付けて、自らを鼓舞する担当者がいるそうです。また、必要以上に力をかけないで「やり過ごす」担当者も。一方では、長年の経験から、担当地域の地図に感触のよかった人を記録しておき、期間が始まると動いて加入につなげ、実績をあげていくというキャンペーン対策をそつなくこなす担当者もいるとのことです。

「あがった次の日の朝礼は、数字、報告して、拍手もらって。それってうれしいというより、ひとまず安心？　やり過ごせたって感じ。でもあがらなきゃ、言われなくて。別に誰かがやれって言うわけじゃないんだよ。でもさ居心地は悪い。共済は、組合員が入ってよかったから、友達とかに勧めてくれて、その友達にも入ってもらったりするのって、すごくうれしいわけ。役立ちが広がるっていうのもそうだけど、なんか俺らの見えないところでさ、俺がおすすめしてそれをわかってくれて、組合員が動いてくれてる。そういうのもさ、結局ただの『共済一』て感じじゃん。それがさ、なんかね…」

「数字」は「数字だけ」をみるものになってしまいがちです。達成という目標があり、それができないという結果は、彼らに居心地の悪さを与えるようです。決して誰かが強要しているわけでも、故意に追い詰めているわけでもありません。なのに、「数字」は、彼らをしばります。

地域とくらしの変化

「一人あたりの利用も減ってるでしょ。シッパーに、一つ二つしか商品が入ってない組合員も多いよ。しかも、それが、冷凍のたこ焼きだけとかだよ。生協で買うのがこれかよ〜って。ま、その組合員さんにとっては、それが生協らしい商品なのかもしれないけどね。利用してない組合員も多い。介護とか助け合いの会だけ利用している人とかも増えてる。あんまり買うものもないしって言われる。若い人はやめるけど、年配の人はいざというときのためにって、やめない人もいるよね」

組合員が高齢化しています。これまで数十年にわたって、熱心に利用をしてきた組合員が、「もう子どもも独立したし、食べる量も減ったし、毎日買い物に出て、足腰を鍛えたいから、共同購入はやめるわね、今までありがとう」と言って生協を去っていきます。また、いざというときまで、いったん利用を休止する組合員もいるとのことです。

そのうえ、消費のスタイルが変化しています。所詮、ひとの胃袋の大きさは変わりません。なのに、食品を購入する先は、多様になり、選択肢は増えるばかりです。インターネット上のショップには、「共同購入」という仕組みさえあります。生協のカタログにのっている商品もラインナップされていたり、中には、「全国の生協で大好評」というたい文句がついている商品もあります。

「個配の組合員って、買うじゃん。忙しいから。何から何まで買ううちもあるよね。水とかビールとかさ重いんだけどね。中にワインも生協で買ってくれてた組合員がいたんだ。でも最近、見なくて。パートさんに聞いたら、ワインとかは、インターネットで買うんだって。送料ただになるんだって。その組合員がそうしているかどうかは、知らないけどね」

商品を購入する先が増えれば、生協から購入する量が減るのは当たり前です。

組合員拡大の場面の変容

組合員拡大の場面も、ひと昔前とは、まったく様相が違っています。大きなマンションが林立する地区は、生協がシェアを獲得しやすい地区でもあります。新築の大きな集合住宅で、組合員獲得に成功すれば、トラック一台分の商品を半日かけておろすような効率のいいコースにすることもできます。それは、言い換えれば、新入居が始まった瞬間から、生協へのお誘い活動が積極的に展開するということであり、もし、その地域で事業を展開している生協が複数あれば、生協間競争もあるということです。

オートロックが施された集合住宅の居住者は、モニター越しに訪問者を見て、応答をするかしないかを判断できます。留守を決め込むことも可能なのです。直接、顔を見ながら、お誘いの話もできずに一階のインターホン越しに、二〇〇軒、三〇〇軒と、ピンポンを押し続ける。一軒の反応もない、そんなときもあります。

他の生協も含めて、何度も訪問が重なると、生協は「しつこい」とさえ、思われているかもしれません。

訪問の場面では、ドア越しに、邪険に扱われることも多くなります。そんな状態が続くと、担当者は積極的にはなれません。申し訳ない気持ちを抱えながら、訪問活動をしなくてはならなくなります。

そうして、ますます、組合員拡大が、重い課題になっていきます。

「配達担当はまだいい。組合員に協力してもらって、新しい組合員を紹介してもらうこともまだできる。拡大を専門にやっている人たちは、もっと厳しいと思うよ。なかには、インターホンのボタンを押すのが怖いっていう人の話を聞いたことあるよ」と、そっと、彼が話してくれました。

班が減り、組合員同士が、直接、生協のことを話す場面が圧倒的になくなっています。以前は、このコミュニケーションの場が、「生協のよさ」を広げていきました。広告宣伝費はゼロ円で、どんどん広がっていった。七〇年代のように、生協があるというだけで、消費者から期待され、班への商品の荷おろし場所が、地域での新たな組合員の加入受付の窓口にもなった。そのような場面は、消えつつあります。七〇年代、八〇年代のような広がり方は、もはやありえないのではないでしょうか。

人が多い都市部、マンション群や一戸建がキレイに並ぶ住宅地では、昼間はほとんど人の気配がありません。公園に行っても、ゲートボールをするお年寄りさえ、居なくなり、のどかに日向ぼっこをしているのは、鳩と野良猫。

家族のありようや、くらしのありよう、そして、地域が変化しています。

組合員のくらしは、年齢を重ねるごとに変化をしているのに、変化していくその先の世代のくらしにより役立てる仕組みやシステムが新たにできていないために、生協から離れていく組合員がいます。

「いったい、どうやって、やれっつうの？　えらい人たちもさ、一回でいいから今の現場にきて、やってみろよなぁ」

声にならない、担当者のため息まじりの声が、タバコの煙に溶けて、喫煙ルームの壁や天井に、ヤニとなってこびりついていくように見えました。

（インタビュー・二〇〇五年四月）

■どうしたらよかったんでしょうか

明るくて、キレイで、駐車場もたくさんある大きなお店。イートインコーナーもあり、焼きあがったばかりのパンが香ばしいニオイを放つベーカリーもある。試食コーナーでは味見ができたり、メニューサンプルを参考に今夜の献立も決まる。新商品があれば手にとり包材を眺め、新しい商品の情報にふれることもできる。季節を感じたり、たまには、手をかけた料理でもしてみようかなと思ったり……。そんなお店でカートを押しながら、買い物をするのは楽しい。見て、かいで、聞いて、ふれて、そして味わって。五感に訴えてくる刺激をもらいながら、「おいしいそう」が広がる、そんな買い物ができる。

最近では、生協のお店も、このように浮き立つ気分を誘う大きなお店が多くなっています。そんなお店が近くにある組合員さんは、幸せです。

ところが、生協のお店は、そのようなお店ばかりでは、ありません。小型店、ミニ店という小さなお店もあります。コープ商品が主に並んでいます。かつては私たちの店という意識を持った組合員さんたちに支持され、商品を通じての活動と事業が一体になる舞台でもありました。

この冬、ある生協の小さなお店が閉店しました。そこで働いてきたOさんにお話を聞きました。

何から何まで

「パートのみんなでがんばったんだよ。何年も前から、このままだったらいずれ閉店だって言われてたから。店長もいなくなって、パートだけで運営して。何から何まで自分たちでやるの。私は三年半仕事をした。近くに大きなお店ができたら、すぐに赤字になったんだよね。以前は店長がやっていたことを、パートが自分たちで考えてなんでもやるように切り替わっていったの。経費やGPRも考えるの。値引き廃棄のことを考えたり、発注は商品を運んでくる搬入の回数によって委託運搬費がかさむから、効率よく発注したりとかね。自分たちでできる工夫はなんでもやったよ」

「売り上げをあげるためにもね努力した。一人あたりの供給単価をあげろって言うから、お店で商品のオススメをするの。でも客数が減ってるんだよ。数字としては微々たるものよ。じゃ、店頭で大きな声出してよびかけろって。そんなこと言ったって、店の前なんんか、誰も通らないんだから」

「セールチラシを近所にまくのも自分たちでやった。もちろん時間外ですよ」

「毎月、今月の人件費はこれだけですって、見せられるの。それを自分たちで分けるの。だから、残業なんてなし。発注数量は、家で考える。店にいるときは、バタバタ忙しいし、時間が無いから考えられないもの」

「みんな辞めたかったと思うよ。でも誰かが辞めたら、大変じゃない。それがわかるから、最後までがんばったよね」

「昼間は一人体制になった。ある人が言ってた。一人だとトイレにも行けないでしょ。もちろん用心はするんだけど。どうしてもトイレに行きたくなったときに、『どうしたらいいんですか?』って、本部に電話したことがあるって」

やりがいを感じられないのはなぜ？

「自分で棚みて、発注して、企画も考えて。商品ならべて売り場つくって、ポップも自分で書いて。すべて任されて、やりがいもあるよね。楽しいんですよ。でも。なんというか。これでいいの？　という疑問はあったよね」

「何をどうすればいいのか、誰にもわかんない。いろんなことはやってみても、いきなり黒字にはなるわけはないし。この三年、GPR、客数、人件費、三つともクリアする月はなかった。GPRと人件費はクリアできても、客数がだめだったねぇ」

「どうすればいいの？　どうなっていくの？　向かっていく方向が見えない。だけど、あがいてた。いきあたりばったり。しまいには、体制は薄く、時間はけずられるから、パートが集まって打ち合わせもできない。連絡は悪くなるし、何かやろうとしても足並みもそろわない。そんな状況だった。どうしたらよかったんでしょうねぇ」

「本部はなんにもしてくれなかったと私たちは思ってる。ちゃんとやるべきことを具体的におろして欲しかった」

「何を見ていたんだろう。数字ばかりを見ていたような気がする」

利用できる組合員は、減っていった

「閉店の告知をしたでしょう。組合員さんたちが脱退の手続きにくるようになって。そうしたら一度もみたことのない方も多かったのよ。みなさん高齢で。歩いてくるのもやっとという方。これじゃぁ、お買い物に来たくてもこれなかったんだろうなぁと思った。また、前は家族がいたから買うものがあったけど、だんだんにね、一人減り、二人減りって人数が減ると、必要なくなるんだって」

「なんだろう。生協のお店は、今の若い人には魅力がなくて、実際の組合員さんにはもう利用できない店になってたんだよね」

「組合員さんには、あんたたちのせいで閉店になるんだって、言われましたよ」

彼女は、赤字から抜けられないお店で働き、そして閉店が決まってから最後の日まで売り場を切り盛りした一人です。そういう状況の中で、感じた自分の気持ちを話してくれました。これが、同じように閉店にかかわっていたとしても、店舗事業部に身をおく方は、また違った思いや見方を持ち、違う感じ方をしたのではないかとも思います。

「生協のお店はね、買う量は少ないんだけど、一日一回、散歩がてらやってきて、知り合いとおしゃべりもできる。組合員さんにとってはそういうお店だったんだよね」と、彼女は言いました。

いま、そこに流れる時間はゆるやかで、あたたかい言葉やぬくもりが売り場を覆っています。それが生協の小型店なのかもしれません。そんなお店がまちの中に存在し続けられるようだったら、なんだか、まちとしても、ほっとできるのに……。けれど、そんなわけにはいきません。これは事業ですから、赤字を積み続けるわけにはいきません。

生協らしい店舗事業の明日を描けないまま、今日も数字とにらめっこをし、発注、品出し、接客と、くるくるとよく動く女性たちの姿が売り場にあることでしょう。自分たちの職場を失わないために、何よりも通ってくれている組合員のために、お店を残したいと、一心に働く姿です。不安な気持ちを抑えながら、組合員の前では笑顔で振舞う。全国のミニ店のパート職員が、今日も小さなお店を守っています。

（インタビュー・二〇〇五年四月二二日）

■割り切れない気持ち

消費者のくらしは変化しています。それに伴い、ニーズも変化し続けます。さらには、収入の世代間格差が広がっていたり、生活の中で何に重きを置くかという価値観も多様になっています。

ある大学生協の職員に聞きました。最近の大学生協の学食や店舗では、「食」に関する売り上げが減っているといいます。一つには、最近の学生の食べる量が減っているということ、そして、食ではないもの、通信費や娯楽にお金をかける傾向が強くなっているのではないかということでした。

マーケットは決して小さくなっていないのに、食に関する支出が抑えられている。とくに、若い世代でその傾向が広がっているようです。

以前のコープ商品は、同じものなら、市販品より日常的に安いというものも数多くありました。計画注文や共同仕入れが可能なので、価格を下げることができました。

ところが、近年、コープ商品よりも、日常的に安い「価格」で、いわゆるNB（ナショナルブランド）商品が、一般の大手スーパーに並ぶようになりました。今どきの若い世代にとってコープ商品は、価格という面で、手にとりやすいものになっていないのかもしれません。第二章に登場したコープとうきょうの門岡さんが言った「組合員は、安いものを求めている。安くなきゃ売れないんですから」という言葉を思い出します。

ある生協の商品担当、Sさんに話を聞く機会がありました。彼は、メーカーと一緒に商品を改善したり、また新たな企画にも意欲的にとりくんでいます。自分の企画が思い通りに、組合員から支持を得られ、よく売れると、とても嬉しいそうです。この仕事にやりがいも持っています。生協で仕事がしたくて、入協したとも話していました。共同購入で扱う商品は、安全・安心はもちろん、内容も伴い、さらに価格も安価なものが求められています。その組合員のニーズに応えるため、彼は、日々奮闘しています。

その彼が、

「それが仕事とはそういうものだと言われれば、そうなのでしょうが、実際に割り切れない気持ちを抱くときもあります」と言いました。

「そうですね。割り切れていない……。喜びは、売れる、オイシイと言ってもらえることです。一方で新しいものをつくってさえいればいいというわけではない局面もあります。つまり、解決していかなくてはならないことがあり、それは、自分にとって嫌なこともある。それを上手に消化してやっていかなくてはと思います」と話すのです。具体的にどういう場面で、そう感じるのかを聞きました。

「値引きの交渉の場面など……。計画数量を提示して、基本的には値引きはない条件で、ベストプライスを出してくださいとお願いして開発した商品なのに、そして出してもらった価格に対して、結果売れ行きが芳しくないと、次にはこれはやっぱりメリハリをつけて売りたいから何円の値引きを何月から何月まで出して欲しいという交渉をするときもあります。まるで前の話がなかったような顔で言わなければならない。そんな時、私個人としてはつらいです。もしかしたらそういうことは、商取引の世界では、当然やらなければならないこと、どこもやっていることだと言われれば、そうなのかもしれない。でも、私の中ではツライ仕事です。メーカーや取引先に対して、〝悪いな〟という気持ちがある。それに、かっこ悪いなぁというのもある。いったんは、ベストプライスで出してよと言っておきながら、後でまたリベートが欲しいんだとか、値引き条件が欲しいんだと、言わなきゃいけない状態が、カッコ悪いな。つじつまがあってないなぁという感じです。なのに、複雑な気持ちを抱えながら、何もなかったように、言わなければならない時がある。ストレスがたまります。決して、交渉の戦術はからくりではない。状況が厳しく、組合員のために、価格を少しでも安く出したいと思っています。それはわかっている。それなのに自分の中で、気持ちが整理できていないのかもしれません」

一円でも安く企画するために、払われる努力。そのうえ、扱う商品の数も多くなっているのことでしょう。さらには、以前にも増して、ひとつの商品を扱う際の業務のボリュームも膨らんでいるのではないでしょうか。商品を組合員の手に安全に届けるために、徹底した管理や細心の注意を払わなければなりません。ひとたび、トラブルや事故が発生したら、生協が培ってきた「信頼」は損なわれます。そのような重大な事態を招かないよう、重い責任を感じながら、商品企画をしていかなくてはならない。いま、彼らの業務は、余裕のかけらもない、そんな状況になっているようです。

そして、事業の実績が伸び悩んでいます。前年比や、予算比という比較が彼らの頭から離れることはないようです。

生協で扱う商品は「組合員とともにはぐくむ」とか、「組合員の声を聴いて」など、ありたい姿勢は、頭でわかっていても、生協らしいと実感できるような、組合員とかかわりながらする仕事は、減っているのが現実ではないでしょうか。

「組合員がどういうものが欲しいのかとか、どういうものだったら価値を認めてくれるのか、そういうところに立ち返った商品を、一つでも二つでもつくっていく努力が大切なんだろうなぁ」と、弱弱しい口調で彼は言いました。しかし現実は、

「つくる側としては、今は、メーカーが持ってきたものに、これいける、これだめ、これはいいんじゃない？　みたいにやっているのが大半です。または、自分の思い込みで企画していることもある」と話していました。

（インタビュー・二〇〇五年二月一六日）

コープ商品に限らず、生協で扱っている商品が安いということは、組合員にとってうれしいことです。この味で、この品質で、この価格！　私たちは、お気に入りの商品をいくつも持っています。これらの商品を手にしたその後のことは私の物語となりますが、どうして、この商品が私の目の前に提供されているのか、その生い立ちや、どこをどうめぐりたどって、今私の手の中にあるのかは、知る由もありません。彼の話を聞いて、自分の「のんきさ」を思いました。

今後、日本は人口減少にともない、市場は縮小していきます。そうなれば、流通小売業界の競争はますます激しくなるでしょう。日本の生協は生き残りをかけて、今後、全国の生協の共同化、連帯を進めていく方向性を示しています。そのことが切り札となり、このような苦しさから脱することができるようになっていくのでしょうか。……わかりません。

■ 誰のせいでもない

共同購入の現場で、お店で、そして商品を取引する業務の中で。そこに携わる担当者たちの「声」を聞かせていただきました。この三人の気持ちや言葉がすべての人に通じるものでは決してありません。同じ日常の中で、イキイキと仕事ができている多くの職員もいるはずです。さらに全国には、こういう厳しい環境をバネに、新たな事業や新しい取り組みにチャンレジしている元気な生協もあります。ただ、その一方にある現場で苦しみ、悩んでいる職員の声や気持ちを、見過ごしてはいけない、聞き逃してはいけない、そのような時なのではないかと思います。

なぜなら、いまの問題は、悩みを持っている個人の成長や力で乗り越えていけるような問題ではなく、ましてやマネジメントだけで解決していける問題でもないと思えるからです。それは、社会が、くらしが、そして消費者の価値観が大きく変化しているゆえに直面している問題ではないかと思います。そう、誰が招いたわけでもない状況なのではないかと。

個人の力量やマネジメントではどうにもならない「変化」という大波が、私たちに押し寄せています。その大きな波に体も心ももまれている現場の人たちの実感の声。そこには、次の生協のありようや方向性を見つけるヒントがきっとあるように思います。

二〇世紀の後半、ヨーロッパの生協が、やはり大きな社会的、経済的変化に見舞われました。その変化に対応をした生協が、その後も存続をし、または対応をしなかった生協が存続できずに消えていったという経過をたどっています。

七〇年代には、流通近代化に対応できなかったオランダ、ベルギーの生協が消えていきました。八〇年代には、フランス、ドイツ、そしてアメリカのバークレー生協が、消えていきました。九五年には、一時一〇%のシェアを誇ったオーストリアの生協が倒産しました。

それぞれに、問題は複雑で、一概には組織が消えていくことになった理由は語れません。ただ、そこに共通してあった状況が、「周囲・環境の変化」ではないかと思います。日々は、一日たりとも、とどまることはなく、むしろ変化するのが当然です。その変化の中においては、変えていくもの、そして変えることなく大事にしていくもの、それぞれを見つめ、理解し、しっかりととらえることが必要なのではないでしょうか。

うまくいかないことが続いたり、思い通りにならない状況が続くと、人は、誰かのせいにしがちです。誰かのせいにしておけば、とりあえず自分は、気持ちがラクになれるから。

私たちが、いま見舞われている状況は、過去に直面したことのない大変化という状況です。ここを切り抜ける特効薬的な策は、誰も持っていないということでもあります。「誰か」任せではない、この危機との向き合い方が、いま、必要なときです。経営に携わる人たちは、広い視野で、高い視点で、この危機を打破していくための解決策を考え、意思を持ち、決定し実行していくことでしょう。

一方、現場にいる一人ひとりも、この危機と変革に主体的にかかわっていくときではないでしょうか。どこに身を置いていても、「誰か」任せではない、自分のこととして、向き合う必要があるように思います。

苦しい、厳しい状況が積もっていくと、なかには追い詰められていく人もいるのではないでしょうか。苦しさを一人で抱え込み、傷つき、悩む。
生協にかかわる人たちが、そのような状態に陥ってしまわないためには、生協の価値を自分の価値として持っていれたらいいのではないかと思います。価値は誇りとなり、愛着となります。そして前向きでありたいと願う自分の支えに、きっとなってくれるのではないかと思います。

その「生協の価値」を、より確かに感じるために、次の章では、これまでも、そしてこれからもずっと大切にしていきたい「私たちが育んできた価値」について、ふれてみたいと思います。

6. これまでも、これからも

本書のこれまでを通じて、時代や社会、そして組合員自身とくらしそのものが、大きく変化していることを改めて感じることができたのではないかと思います。

このように大きく変化していく時代、社会にあって、それでもなお生協が存在し続ける意味を確かめ、心に刻みたいと思います。

私たち自身も「変化」し続けてきました。毎年、去年よりよりよいものに事業や活動を「変化」させてきました。その変化の原動力は、いつも「組合員の願い」でした。

ふだんのくらしの中にある「願い」には、変えていくものと変えずに守っていくものがありそうです。この章では、いくつかの「変わることなく大切にしてきたもの」を見つめてみたいと思います。

■ 聴く

生協は事業や活動に関する情報が組合員に開かれています。組合員は声を出す、届けるという方法で事業や決定事項にかかわることができます。組合員が声を出し、そして職員や組織はそれを受けとめる。この「受けとめる」という関係性があるから、いろいろな新しい価値がつくられてきました。

声を受けとめるには、まずその声を「聴く」必要があります。声を聴き、その想いに応える。多くの生協がキャッチフレーズとして掲げています。そのためのツールや仕組みも整えられています。寄せられた声で、改善や新しい商品の開発がされてきました。

そんな生協のひとつ、ちばコープでは事業の中で「ひとことカード」というツールとシステムを用い、組合員の声に応えてきました。そのほかにもいろいろな場で、組合員の声を聴き、その声が共同購入のカタログのいたるところに掲載されています。

また、同生協では、九九年から組合員向けに、約半年にわたる連続二〇回のカウンセリングマインド・傾聴講座も展開しています。六年目になる二〇〇五年春には、その第一〇期が開講。講師である渡辺晴代氏の魅力と、講座の内容の確かさが組合員から支持を得続けている要因です。

ふだんの活動の場面でも「聴く」ことを大事にしているちばコープ茂原地域の地域サポーター、吉野秀子《よしのひでこ》さんはこの講座の修了生です。その彼女に、耳へんの「聴く」について、お話をききました。

傾聴講座との出会い

「九九年に地域サポーターになって、二〇〇二年に講座を受講しました。その前の年に、エリアの理事や地域サポーター、センター長が参加する傾聴講座の渡辺先生の半日講座があった。そのとき、先生のお話に、自分とダブってしまう話があって、涙がボロボロでてきてしまった。感想文に、先生にあてて、『助けてください』と書いた。当時、私、家族との関係でいっぱいいっぱいになっていて。すがるような思いでした。先生だったら私の気持ちをわかってくれるんじゃないかなと思った。その後、組合員さん向けに傾聴講座の参加募集があって参加しました」

この講座では、カウンセラーのように人の話に耳を傾ける、傾聴とは何かを学びます。人は、聴き手を求め、次には告白したいと思い、告白することで理解されたいと願うものだと捉えます。そして、よい聴き手に自分のことを告白し、理解されたと感じた時、人は自ら成長したいと前向きになれるものだと。

二〇回の講座を通じて、参加者は、自分自身と深く向き合います。他者に対して心を開けない自分や、どうしてもあることについては認めることができないこだわりを持っている自分に出会っていきます。そしてそのこだわりやわだかまりを持っている自分も自分なのだと受け入れていくプロセスをたどります。ありのままの自分を認め、受け入れられるようになって初めて、他者を認めることができていくことを体で知ります。

人と人とのコミュニケーションの中で、相手を認めていける自分になるきっかけが、「聴く」ことだったということをこの講座は教えてくれます。

自分がよしでよし!

「最初はこの講座を受けることで、地域サポーターとして、どうこうしようはまったくなかった。むしろ家族との関係の中で必要を感じて受けた。ところが講座をきっかけに、自分の捉え方の問題が大きいんだなとわかっていきました。二〇回受けたら悩みは消えるかもしれないと思った。でも悩みは消えない。講座の中でできいた、『波にもまれてなお沈まず』という言葉通り、波はつねにやってきて、問題は解決しないいんだなって。でも自分がどう立っていられるかが、大事なんだということがわかって、ラクになった。

講座が終わって、だんだん、自分がやっている地域サポーターの仕事も一緒だなと思うようになりました。地域サポーターって、人と関わることだし、人とどういう関係をつくっていくか、そして自分がどう感じるかが、すごく大事だと思うようになった。具体的に言うと。講座を受ける前に、地域で『プチ肉まん』という商品を新規開発したんです。その開発の中で、私は一緒に開発している組合員さんが大事にしていることを大事にしたいと思っていました。一緒に大切だねって思えることで、つながりができたり、広がっていったりすると。でも、どちらかというと自分よりも相手の思いを大切にしていたんです。それが傾聴講座を受けて、自分がよしでよし！　と思えるようになった。講座が終わったあとも、仲間たちとずっと傾聴を学ぶサークルに参加している。

いっぱいいっぱいだったあのときと、もしかしたら状況はあまり変わっていないのかもしれないけど、気持ちが変わった。一緒に学ぶ仲間たちに、自分の話を聴いてもらってうれしい感じを体験した。話しを聴いてもらうと気持ちがフッと軽くなったり、あ、わかってくれる人がいるという安心感や心強さが持てた。聴いてもらえると、そういう感じが得られるということを体が覚えました。だから、ちばコープが大事にしたい『聴く』に、耳へんを使うことは、ほんとうに意味のあることと心から思えます」

組合員さんの話を一生懸命聴きたい

「たとえば、組合員さんが集まる交流会をやる。私にとって、今は組合員さんが変化して帰る姿を見るのがうれしい。変化というのは、参加した人がその場で自分の気持ちを少し吐き出してラクになったりとか、あ、わかってくれている人がいるんだって、思える感じとかを得ること。初めての参加者は不安でわからないことだらけ。ドキドキしながら来たその人が、帰るときには、他の人の話をきいたり、リラックスできて、自分の気持ちも多少は出せて、ああそうねと言ってくれる人がいて。初めてでも、仲間って感じられる。そういう感じを持って、帰ってもらえるというのが、大きな変化だと思う。それを体験すると、次もちゃんと参加してくれる。私たちが、一人ひとりに目がいかなくて、ある人を窮屈な思いのまま帰してしまったら、その人は、次にはもう参加しないだろうなと。地域サポーターになりたてのころは、上手な司会をすることが仕事だと思っていた。今は、違う。参加してくれる組合員さんの話を一生懸命聴きたいなと。以前は私、人の話を批判的に聞くところがあって、自分の意見と違う意見を聞くと、でもねって、言ってしまう人だったんです。傾聴を学んでからは、『この人は、そういう風に考えるのね』と思えるようになった。それは、私にとって大きな変化です」

聴きあうことで新しい企画ができる

「数年前に、地域の地区委員会を解散し、一人ひとりのやりたい気持ちから、いろいろなものをつくっていこうというやり方に変えました。ところが組合員さんに、自主的に関わってもらっても、継続的な企画や場にはなかなかならなくて、難しいんだなぁと思いながらやってきました。それを、去年からは、なんでもいい、具体的でなくてもいい、とにかく楽しいことはじめたい人集まれ～というおしゃべり会を始めた。そこに集まった組合員さん同士が、自分のやりたいことややりたい気持ちを出す。すると自分の気持ちが、他の人とつながって、同じ思いを持つ複数のグループができていき、企画や講習会が実現できるようになった。そこで生まれた企画を地域にもよびかける。二〇〇四年度は、そうしてできた場に毎月五〇人くらいが、集まるようになりました。

一人の思いを聴きあい、同じように考えている人と一緒になって、すり合わせをしていくと場ができていく。心強いなぁと」

かかわりがあるから変わっていける

「地域サポーターになりたてのころは、そつなく会を進行して、ちょっと場を盛り上げてあげなきゃ、くらいにしか考えていなかった。

今は、生協の場や活動には、人と人のかかわりがあり、そのかかわりがあるから、人はいい方向に変わっていけると思える。一人でも多くの組合員さんに、そういう生協の魅力を感じてもらいたい。生協って商品買ってるだけじゃもったいない。時間があったら交流会に出てきてほしいし、出てきたらほっとできる場を感じてくれたらうれしい。生協って魅力的。そのことを伝えたい」

（インタビュー・二〇〇五年三月二九日）

組合員の問い合わせや要望に応えるのは組合員満足を高めるうえでの基本です。組合員が聞いて、生協が回答する。その積み重ねが「信頼感」に厚みを増していきます。また一方で、吉野さんのような地域の活動の場のつくり手たちが、参加者に気持ちのいい、居心地のいい場をたくさんつくっていきます。また職員も組合員とともにそういう場をつくってきました。「聴き、認め、受けとめあう」場です。そこは暖かい関係性が生まれるだけではなく、新たな仕組みや商品という「価値」も生み出します。その場面において、必要なのが、「しくみ」を越えた「聴く」ということなのかもしれません。

組合員と向き合う場面だけでなく、職員同士という場面においても、傍らに寄り添い、気持ちまでをも理解するような聴き方をこれからも大切にしたいと思いました。

■ ふだんのくらしがくずれたとき

二〇〇四年一〇月二三日午後五時五八分。新潟県中越地方を大きな揺れが襲いました。震度七。大地震でした。

大きな余震、うねる道、閉ざされた山奥の村。

その甚大な被害を伝える報道に触れ、被災した方々の状況や恐ろしい体験がもたらす気持ちに思いをはせると、胸が痛んだ方も多かったことと思います。

また、この報道に触れた瞬間に、いざ新潟へと支援対策に思いをめぐらした人たちも多数いたことでしょう。前回の震災の教訓から、企業や自治体関係者、あるいはボランタリーな個人が、被災地、被災住民に対して、できる支援にいち早くとりくもうと動き出しました。そしてその中には、全国の生協関係者たちもいました。

被災地に生協あり。一九九五年の阪神・淡路大震災のときに、被災したコープこうべと全国から支援にかけつけた生協の仲間たちが、現場で行った支援活動のありようを言い表した言葉です。

このような災害が起きた直後には、生協は主に三つの支援にとりくみます。一つ目は、被災地にある生協の一日も早い業務の再開を目指す業務支援、二つ目は災害で困っている被災者のために動く人道支援、そして三つ目はＣＯ・ＯＰ共済《たすけあい》加入者宅への「異常災害見舞金」の給付訪問応援です。

新潟県では、新潟総合生協と市民生協にいがたという二つの生協が事業を行なっています。全国から災害支援のために駆けつけた各生協のボランティアは、受け入れ窓口となった新潟県連より、支援に入る先を割り振られて被災地に入っていきました。

今回、新潟でどのような動きがあったのでしょう。当時、新潟総合生協で支援活動に中心的にかかわった三人にお話を聞きました。

救援物資を確実に被災者に届ける

新潟総合生協経営改善スタッフの安達《あだち》誉《ほまれ》さんと山田《やまだ》孝栄《こうえい》さんは、川口町役場と連携をとりながら、人道支援活動に携わりました。

安達　救援物資を各避難所に届けました。全国から小千谷市、川口町に物資が届く。ところが、それらは役場の窓口ではさばききれないんですよ。物資は役場に着いただけで被災者に届くとは限らない。被災地に避難所は何箇所もある。本部に届いた物資を各避難所に持っていくことが必要になります。

——それが、横もち配送ですね？

安達　たまたま我々が役場に物資を持っていった時に、担当者から、被災住民に必要なものなんだけど、届けられない、置き場所もないという話を聞きました。そこで、じゃ、われわれが届けましょうかという話がその場で決まっちゃった。われわれが持っていった救援物資を役場の人に同乗してもらい各避難所に届けたのが始まりで、新潟県連を通じて、全国からかけつけた応援者とトラックも派遣してもらいました。役場の人からも喜ばれました。われわれが入る前には、物資を役場の人が自家用車を使って届けていたそうです。それでは周りきれない。生協のトラックは雨が降っても濡れないし、いっぱい積める。非常に喜ばれました。

人間って強い、その反面けっして一人では生きていけない

地震が発生した一〇月二三日から一一月一四日までの二三日間に、この横もち配送をしたトラックの台数はのべ一二三台、関わったボランティアの人数は二八九人にのぼったそうです。

山田　日に日に、支援してほしいことが変わる。配送だけではなく役場に届く物資が、日々多くなり、その整理仕分けもしました。支援物資の配送時には、避難所そこらにいる人みんなが協力して物資を積み込んだり、おろしたり。避難している人、ボランティア、役所の人、そして自衛隊の方もみんなで。重い水を運ぶときも、ボランティアがみんなでやった。人間力を感じました。自衛隊の方には、すみませ~んって声かけました。その瞬間は、どこの誰なんて関係ない。ありがたかったです。人間って、強いと思いました。その反面、けっして一人では生きていけないんだということも思いました。たすけあって生きていくんだなと。

安達　一般道路も高速道路もデコボコ。それを乗り越えて、みんなが配送にあたっ

た。

山田　われわれの仕事にマッチした生協らしい応援ができたと思います。

――その他の支援は？

安達　物資の配送が落ち着くと、役場の人から、避難している方たちの仮設住宅への引越しボランティアが不足していることを聞き、そこでボランティアセンターと一緒に、引越しのお手伝いをしました。これが一番ハードだった。持ち上げた冷蔵庫から、水がジャーっと流れ落ちたり、二階から仏壇おろしたり。

山田　そう。物資の配送は、まわりにいるみんな、避難している方々や自衛隊の方まで手を貸してくれたけど、引越しは、少ない人数で家財道具を運び出す仕事でしたから、大変でした。

直後はただただ　しのいで

被災地を共同購入の配達エリアとしているのが、新潟総合生協の中越センターです。

地震が起きた二三日は土曜日、その翌々日の月曜日から中越センターは配達をしました。センター長である近藤俊幸《こんどうとしゆき》さんに聞きました。

近藤　全国から駆けつけてくれた支援者に感謝しています。直後は、ただただ、その日その日をしのいで、しのいでという感じでした。しのぐに精一杯。配送で精一杯。トラックには注文された商品のほかに、救援物資も積み込んで、それを組合員に届ける。女性の配送パートは一人で配達に出せません。危険もある、道がガタガタだから時間もかかる。同乗応援に感謝しています。月曜日から配達をしたので組合員には喜ばれました。

地震の前には、一週約一万人が共同購入を利用していた。それが地震直後には六千人にまで減った。そこで、未配達組合員四千人の安否確認をすぐに開始しました。カルテを作成し、注文用紙が出ていない組合員宅を訪問したときの様子を記録していきます。不在のときには、お手紙と返信用のはがきを置いてきました。これをひと月でやりきりました。

●…家族四人、なんとか元気に毎日を過ごしています。避難所、実家、アパートと転々としましたが、今は仮説住宅の完成を待っています。地震さえなければ……と、泣いても泣ききれない思いですが、新しい我が家を建てることを目標に頑張ろうとしているところです。

●…職員の皆様、ご苦労の多い中、ご心配をいただきありがとうございます。まとめ買いをしていたおかげで、電源は一日切れていましたが、食べ物に不自由することもなく過ごせました。配送も途切れることなく助かりました。ご近所の方と一緒の食事で、一週間思わぬ試食会となり、生協の品は好評でしたよ。

●…散乱した家が片付くまで避難所で寝るという体験をしました。失ったものも多いですが、得たものも多く、隣近所との絆を深め、遠方の友人からは安否確認や励ましに力づけられました。……思いがけぬ生協職員の訪問もうれしかったです。

被災した組合員からの返信はがきより

一二月一〇日に入ってから業務はほぼ戻ったとのことです。当初、連絡のつかなかった組合員は約四千人にのぼりましたが、一二月四週には、九九一〇枚の注文用紙を回収することができたそうです。そして年明けには、地震直前の利用者数まであと三〇〇人となったということでした。それは地震をきっかけに生協を利用できなくなった、それまでのふだんのくらしを取り戻せない世帯がいまだに三〇〇世帯ある、ということでもあります。

今、感じている

安達 全国の生協の人たちが、自分の配達を終えて、それから何時間もかけて来て応援してくれ、それが終わると、またそれだけの時間をかけて帰って、自分の仕事に戻る。これには感謝しています。われわれにしても、役場にしても、一日一〇台二〇台のトラックが瞬時に確保できるのは、ありがたかった。われわれ、総合生協、市民生協だけではできないのは事実で、全国から集まってくれたのは、ありがたく、感謝です。個人的には、実際、生協としてというよりも、同じ新潟県民としてボランティアをしたというのが、気持ちの上では正しい。立派なことをやったわけではない。普通のこと。それを生協をお借りしてやったんだと思っています。

山田　そう。現場に行って、その状況を見ればやっちゃいますよね。人として。現地見てるので、そこで今でもできることをしたいなぁという思いもある。とくに、役場の方たちと一緒に動いてきて、彼らは自分も被災していて、役場の軒先で寝泊りしていた。自分の生活もあるだろうに町のために動いていた。戻れたかなと気になっています。

近藤　時間が経つと、だんだん忘れがちになる。でも忘れたくないと思っています。今回のことを通じて、生協と組合員の関係は、供給する側と利用する側というつながりではない、担当と個々の組合員さんというつながりの中で成り立っているんだなと。つまり、人と人、という関係。その関係をもっと深くしていきたい。今回、四千人の方の訪問をしたこの直接的なかかわりの中で感じたつながりを、今後もっと深めていって、広げていきたい。

（取材・二〇〇五年二月一〇日）

私たちは、それぞれの地域で、一人ひとりの組合員のくらしを支えています。だから災害などが起きたときには、そこで被災した人たちが、今どんな気持ちでいるのか、どんなに困った状態にあるのかに思いをめぐらせ、そして一日もはやく、安心してくらせる元のくらしにもどって欲しいと願います。だから、動く。そうして突き動かされるようにして動いた人たちによる支援活動が新潟でも展開されました。

私たちが培ってきた「日々のくらしをみつめる」目線。人間らしいこの目線も、きっと、私たちがずっと大切に、育んできた価値ではないかと思います。そして、ひとたび災害等が発生し、ある特定の地域がふだんのくらしを営めなくなったなら、そこには、必ず全国の生協仲間が救援にかけつけます。くらしを支える気持ちでつながるネットワークが、私たちにはあります。

■ たすけあい

あなたは、CO・OP共済《たすけあい》に加入していますか？ そして、給付を受けたことがありますか？ 給付を受けられたなら、あの折り鶴を受け取ったことがあるでしょうか？

CO・OP共済《たすけあい》とは、どんなものなのか、その話を初めて聞いたときの、「うれしい」「あたたかい」感じを、私は、今でも覚えています。人は、目には見えない心の手で手をつなぐことができる。しかも、ふだんのくらしの中で。ふだんのくらしが大事。だから何かが起きるって大変。万が一、何かが起きたときのために、たすけあえる仕組みがあったらいいねと、備えを制度としてつくり、改善してきた。それが、私たちのCO・OP共済《たすけあい》です。年々その内容を充実させてきました。二〇〇四年には、CO・OP共済《たすけあい》は、二〇周年を迎え、加入者は約四七九万人になっています。くらしのそなえというコープ商品の改善、開発に従事している、日本生協連共済推進本部共済開発部の三輪真《みわまこと》さんに、お話を聞きました。

入協して一〇カ月、阪神・淡路大震災がありました

「九四年入協以来、ずっと共済の仕事をしてきました。当時は共済本部という名前で、それほど大きくはなく、五，六〇人くらいの部署でした。たすけあいの契約管理が最初についた仕事です。九四年に加入者数が一〇〇万人になったんです。急成長している時期でした。それまでは六五歳満期で終わりだったんですけど七〇歳まで続けられるシルバーコースもできました。一〇〇万人という数字が見えるところまできたその力で。掛金も安く、世代間のたすけあいだと思いました。長く入ってもらったお礼という意味もあり、みんなでシルバーコースを支えていくというような思いがありましたね。

そして、入って一〇カ月も経たない九五年一月一七日に阪神・淡路大震災がありました。このときは、私も契約者の訪問のため神戸へいきました。《たすけあい》には、住宅災害のお見舞いの共済金がついていますが、地震は免責、つまり対象外なんです。そのときのために、別に積み立ててあるお見舞い金を支払う。阪神・淡路大震災は、被災者も多くて、規定通り全部を払うことができなかった。全壊五万円のところを減額して二万円。

あのときは一〇日くらいコープこうべに支援に入った。契約者の方のお宅を一軒ずつ訪問して、簡単な査定をしてから、お見舞い金お支払いの手続きをする。そういった中で、全国の生協からもたくさんの仲間が来てくれていて、みんなでまわった」

少額なのに、「ありがとう」と言ってくれる

「組合員さんを訪問すると、額が少ないので、足しになるのかという程度の見舞い金なんですけど、それでも『ありがとう』と言ってくれる。組合員さん自身が、かけてるんですから、もらって当然なんですけど。それでも『ありがとう』と言ってくれる。

その『ありがとう』って、なんなんだろうなぁと考えました。お見舞い金制度があるとは知らなかったから、思いもかけないということなのか。私たちが一軒ずつ訪問しているということに対してなのか。被害にあわれた方は、そのときの怖かった思い、大変だったことをいろいろお話してくださる。それに一生懸命耳を傾ける。そんなことに対してなのでしょうか。ただ、見ず知らずの人が突然来ても、『コープです』といえば、話してくれるんですよね。コープこうべの生協と組合員さんのつながりが、昔から強い

というのもあるんでしょうけど。生協が来てくれて、話を聞いてくれて、そういうことで、感謝されるんだろうなぁと、共済金のお支払いすること以外でもお役に立てることが実感できて、うれしかった記憶があります」

日常の仕事では感じられないものを肌で感じた

「震災当時は契約管理という仕事をしていました。申込書や解約届はいっぱいくる。そういう書類に日々追われる毎日だった。だから神戸で実際に組合員に会ってお話をするのは初めてで、いつも一枚の紙として見ていた申込書が、実際に一人ひとりの組合員さんが書かれたときとか、共済金を受けるときとかあって、それぞれいろいろな思いが詰まっていることをはじめて肌で感じました。

加入するときは、生協の担当に勧められたからという軽い理由で入ることもあるでしょうけど、共済金の支払いという場面があって、あらためてつながりが強くなるんですよね。支払うということは、結局ケガをしたりとか、入院したりとか不幸なことが起きたときなわけですが、そういうときに、どう役に立てるか、経済的な支えという点で助かったということもあるんでしょうけれど、それだけじゃないものを感じてもらうのが、かぎになっていくとも思いました。そういう意味では、コープながのから始まった、折り鶴を共済金の申請書類の中に入れて送るという活動が全国に広がり、全国の組合員さんから、心が和んだとか、そういう声が寄せられている、あのようなことはCO・OP共済ならではで、いいなぁと思います。

また給付の掘り起こしというのも生協らしいですよね。他ではあんまりないことだと思います。一般的には保険金は払いたくないというのが、普通だと思いますが、《たすけあい》共済は、請求してもらうことで、つながりが強くなると信じていますから、どんどん請求してくださいといいますよね。それこそ、生協らしいと思います」

改善の提案で、毎日毎日、頭が痛い

「二〇〇六年にジュニア18コースの改定を予定しています。二〇〇四年は、ジュニア18コースの病気入院が一泊二日から保障されるようになりました。それに引き続き、二〇〇五年はおとなの商品を一泊二日の保障にする予定です。そして二〇〇六年は再度子どもの商品改定を予定しています。入るときの条件を緩やかにするのがメインです。健康告知事項というのがあり、ジュニア18コースは七つの質問に該当しなければ入れる。それをV１０００円コースのように、二つの質問にして欲しいという声がたくさん出されています。質問が二つの方は入院や手術の予定がなければ入れるというもので緩やかです。七つはお医者さんにかかっていて、病名を言われていたら加入できず、世間一般よりは緩やかなものの、少し厳しいという声があります。しかし条件を緩やかにしてしまうと、その分、支払いが増えるわけで、それ以前の条件で入った方には、他の保障内容をよくしていくという改善の機会が減ってしまうということもあります。難しいなぁと。いろいろな人の意見を聞いていますが、いろいろな立場の人がいて、それぞれ異なる意見をもっている。どうしようかと毎日毎日、頭が痛いです」

七〇〇円コースの募集停止提案……

「今年の九月で七〇〇円コースは募集停止になります。このコースは、加入されている方が五〇代以上が多く、死亡保障が大きいので維持していくのが難しい。理論上でもコースを組み立てるのが大変になってきたから募集停止にせざるを得ないのですが。個人的には七〇〇円コースこそたすけあいだと思っていたものですから。その募集停止の起案をしなくてはならなくなったときはつらかったです。

七〇〇円コースのような商品は、他にはなかなかないものです。だいたいが、組合員さんは、キャンペーンのときに、どうせ七〇〇円ですからと、担当にお勧めされて入っているパターンが多くて。だから自分が加入していることも意識しない。ところが、いざ何かあると、額はあまり大きくはありませんが共済金が出て喜ばれ、たすけあいを実感しやすい。そんな商品なんですよね。《たすけあい》という枠の中で、こどもとか女性とか、高齢者とか対象が細分化していく方向なんですが、多くの方が入ることができて、なるべくみんなが平等にというようなものがないといけないのかなと個人的には思っています。今後はV１０００円コースがその役目を担うことになります」

はやい時期から、保障の見直し活動もしてきました

「保険は世帯主を基本にして入っていて、配偶者の方は家族の特約とかで担保されて

いるという形が多かった。多くの組合員さんに自分自身の保障を意識してもらうきっかけに女性コースという商品自身、さらに保障の見直し活動がなったと思う。今は、ファイナンシャル・プランナーも一般的になって保障の見直しに対する意識は高まったけれど、生協は早い時期から、このきっかけを組合員に提供してきた。まず考えるきっかけにしてもらうのを大切にして。その中でCO・OP共済も考えてもらうという進め方だった。女性が自分自身の保障を意識したり、人生設計を自分でしたり、お金やくらし方を考えるようになるきっかけになれましたよね」

日常的に会える担当者がいるという距離感

「《たすけあい》は、大事件があったときでなくても、ちょっとしたことで気軽につかってもらえる共済です。いわゆるふだんのくらしに役立つ共済。それは、日常的に配達担当の方と組合員さんとの間に接点があり、そのコミュニケーションがあるから、成り立つ。だから気軽に使える。本当は何もないのが一番いいでしょうけど、でも、もしもあったときには、現場の担当者がいるから、気軽につかってもらえる。加入者との距離が近い。その距離感でやれるのは生協だからであって、だから生協が共済をやっていく意味はあると思います」

はずしたくない「住宅災害」保障

「住宅災害の保障は、受ける機会はあまりないんですけど。また受けたからといって、役立つかというと、家の再建とかにはまったく足りないんです。でもたすけあいという気持ちが形になって表せているのが、《たすけあい》についている住宅災害共済金だと思います。組合員さんやモニターの方へのヒアリングなどをしていると、最近の商品に対するニーズは、自分のための保障を充実させることになってきているように感じます。でもこの部分は、保障表の中でも一番下にあって、で担当者も、たぶんこれで、組合員さんには、お勧めはしないと思うんですけど。みんなで実際に支えあっているという気持ちが形になっている部分なので、私ははずしたくないと思っています」

みんなでつくれる、それが共済

「いつも悩みながら改定の起案をするんですけど、ときどき、現場に行って、担当者の方たちのお話を聞いたりする中で、「《たすけあい》は、自分たちでつくっていける、変えていける共済なんだって、自信を持って言っている姿を見ると、うれしくなります。たしかに、どんどん大きくなっても、《たすけあい》は、構成している人みんなで関わっていけるんです。自分たちのものと思ってくれる人が現場にいる。それも、《たすけあい》がつくってきた輪の財産だなと思っています」

（インタビュー・二〇〇五年四月五日）

ＣＯ・ＯＰ共済《たすけあい》も、コープ商品です。組合員同士が少しずつ掛け金を出してみんなでつくり上げてきた、いざというときのためのくらしの備え。たすけあうという気持ちを保障という形にしてきました。手を結び、「協同」してつくり上げてきた共済です。

■ 寄り添う

葬祭事業とは

ちばコープでは、九九年九月から葬祭事業をスタートさせています。初年度、約半年の葬儀施行件数は約五〇件、その後順調に実績は伸張し、二〇〇四年度には約四四〇件に達しそうとのこと。

短期間での急伸張の影には、「死と向き合う事業だから、ただの斡旋事業にはしない」という担当者の思いがあると聞き、事業立ち上げ時から携わっている葬祭事業部部長、磯野《いその》好広《よしひろ》さんを訪ねました。

仕事の内容

「内部の職員にも、意外と具体的な仕事の内容は知られていません。葬式をやっているのは提携社なので、いわゆる斡旋だと思っているでしょう。電話で取次ぎをして、業者に振ってと。でもそれはちょっと違います。どういうことかというと、斡旋は、提携社と組合員の間に、生協が入ってないんですよ。

私、以前利用事業にいたとき、ある理事さんに言われたんです。彼女は三，四百万円の家の増改築をやられた。その後で『生協のかかわりってなぁに？ 私は生協に頼もうと思って電話したの。すると業者が現地調査をいたしますって手配はしてくれた。業者さんが来た。よくやってくれた。親切丁寧だった。でも生協の職員は家ができるまで何にも関わってないじゃない。これで生協がやっている事業って言えるの？』。イヤ〜、参った。それはウスウス自分たちもわかっていたから。一人の担当じゃ手一杯で実際には現場も見に行けない状況です。でも、やっぱりそうだよなって思った。組合員の隣にいるだけで心強い味方になれるっていうこともあるはずだと。なので葬祭事業を立ち上げるときには、生協が展開する意味を考えなくてはいけないと思いました」

葬祭事業立ち上げの準備期に

「事業立ち上げの準備の最中に、自分の父親が亡くなったんですよ。立ち上げる矢先、九九年の五月に。その頃は業者の選考とか施行とか見に行っていた時期だった。親父が病気だって言われたのは、その半年前の一二月でした。葬儀を自分の家でやったわけです。つまり遺族です。自分の父親が亡くなる。母親も悲しい、妹も私の子どもたちである孫も。人が死ぬっていうのは、それはそれは、その家にずいぶんといろんな気持ちの上での変化を起こさせるものなんだなぁということを実感しました。

葬儀のさなか親族には頼れる人が必要なんですよ。葬儀社の担当者は、いざことが起きたら、最初に打ち合わせに来てくれて、親父を運んでくれる。その人がすべてになるんですよ。いい担当者ならいいけれど、そうではないこともある。

うちの場合、お袋にとってはありがたい担当者だった。葬式が終わって四十九日までの間に、担当者が集金に来たりなどで何回か会うわけです。

親父はリタイア後も嘱託で働いていて、嘱託もそろそろだなって言っていて、好きな温泉とか旅行に行こうって話していた矢先に亡くなった。お袋は愛する人を失った悲しみに直面した。これをグリーフといい、その過程を踏んでいくことをグリーフワーク、そしてそれをケアすることをグリーフケアって言うんですけど。お袋もそのグリーフワークを体験したんですよ。夫を亡くして、ずっと気落ちしてくらしていくのかな、過ごしていくのかな、生きていくのかなと。お父さんと計画していた旅行だから控えようかしらと思ってしまいそうになる。夫を亡くした後に旅行なんか行っちゃっていいのかしらみたいなね。すると担当者が、『気になさらずに、どんどん旅行に行ったり温泉行ったり、楽しんでください。そのほうが、おそらくご主人は喜ぶでしょうし、ふさぎこんだままくらしているなんてことは、ご主人にとっても不本意なことだと思います。自分の死がそうさせてしまったとしたらどんなに悲しむでしょう。だからどんどん外に出て、たくさんの思い出をつくってください』と言ってくれた。

葬儀のさなかのいろいろなことを体験するのも初めてだった。モノごとをよく知ってそうなおじさんに聞いてもね、定かではないこと、あいまいなことがけっこうあった。葬儀は宗教のもと確立されてきっちり行われているものではなくて、わりと習俗、慣わしなんですね。そして実は、それが誰もよくわかっていない。

例えば仏壇の扉。死んだ人が出たら閉めるんだとか、開けるんだとかということになった。開ける、閉めるを周囲から言われるたびに、こっちはどうしたらいいんだよって揺れる。結局お坊さんの言葉に従ったんだけど。こんなことでも、あのわずかな日数の中で遺族というのは、気持ちが揺れるんですよね。

だから葬儀を手がけるということは、セットを明瞭にし適正な価格にして提供するだけだったら、これからの競争社会の中で、異業種が参入すればもっと明瞭になるし、価格もどんどん破壊的になっていくので、生協がてがけなくてもいいわけです」

大事にしたいのは「組合員へのかかわり」と「何をみるのか」ということ

「組合員への関わり。それは、こちらから入っていかないといけない。意外と通夜・葬儀の前後も含めて支えていかなければと。組合員のそばにいてお役に立てるように。組合員にはよく言う。『親戚の一人と思ってください』と。業者、葬儀社が来てしまったら、周りが気になるし、話しがすべて向こうの主導権で行ってしまうところを、親戚の一人と思ってくれていいので、ザックバランに家計のことを考えると予算もあるだろうし、そういうことも含めて言ってくださいと。それでも精一杯のことをしてあげるためには、どういう方法があるのかをたくさんアドバイスできますからと伝えている。そして、その後もね、グリーフワークをたどるわけですから、その中で、ある程度、何かしらできることがあればという気持ちで、組合員へのサポートをしていきたい。ここに、ちばコープの葬祭事業の価値を置く。これは一貫して五年間、はずさずにしてきたことです。

ご葬家に行って、組合員と会って、肌でいろいろ感じる。あぁこの点で役に立とうとか、あぁこの点がまだ事業をする身としては不足しているなぁとか。その目で見て、手だてをしていけば、結果が数字に出る。だから、数字だけを見る、そこには走らない。見るのは数字の向こう側。この五年間、断じて、それだけははずさずにやってきました」

実際どのようにかかわっているのか

「ひとつは、通夜と告別式、どちらかに必ず立ち会います。施行現場に行って、ちゃんと仕様どおりになっているか、セット内容も合っているか、金額も間違いがないか適正になっているか、それを目で確かめます。そしてそこにはどんな人たちが来ていて、組合員はどんな様子だったか、それもしっかり見るようにしています。

葬儀後には訪問をしています。事業が始まってまもなくの頃。高校一年生の息子さんをひき逃げで亡くされた組合員さんがいらした。息子さんはサッカーが好き。部活の帰りにダンプカーにひき逃げされた。あまりにも強烈な亡くし方だと、いつ行ったらいいのかも含めてこちらも悩ましい。どんな言葉をかけたらいいのかもわからない。葬儀後、四十九日の前でも、行きにくいなぁ。二人で行こうかということで二人で訪問した。そうしたら、門のインターホンのところに、『仏壇のセールスお断りします』って真新しい紙に書いて張ってあった。一瞬インターホンを押すのをためらった。でも待てよ、自分たちは仏壇屋じゃない。葬儀を仲介し、それが満足いくようにできていたかとかいうことを聞くのが役割だし、何か他にもお役に立てないかという思いでここに来ていると思い直しました。『改めてのご挨拶で、お線香をあげさせてもらいに来ました。ちばコープです』と。すると『あ、コープさん。どうぞ』と奥さんが出てきてくれた。『中に入ってください』と通された六畳くらいの部屋には、一面にサッカーのユニホームやボールとかが置いてあった。音楽が流れていて『息子がいつも聞いていた曲なんですよ』と言っていた。会った瞬間に、毎晩泣いてるんだろうなぁとわかった。

亡くなって二日、三日も経たないうちに、ある業者さんが来て、仏壇がご入用ですよねって切り出したそうです。私はまだ仏壇のことなんて考えたくもない気持ちでいるのに。帰ってもらったんですよって。でもね仏壇は必要だと思ってはいるんです。ただああいうところからは、買う気にはなれませんでしたって。その頃、うちは仏壇をやっていなかったので、お役にたてなかったんだけど。仏壇売るにしても、墓石売るにしても、心にきちっとすえるものは、『売る』じゃない。それこそグリーフ、愛する人を亡くしてしまった時の悲嘆な気持ちにどう添えるかで、仏壇を売るために向き合ったら帰ってくださいってことになる。いずれ仏壇もてがけなきゃいけないけど、ああいう無神経なことはしたくないねって、話しながら帰って来た記憶があります」

パートナーである葬儀社との関係づくり

「基本的には、依頼が来ると、すぐに組合員宅へ伺うのは葬儀社の担当者です。彼らは、そこが、遺族とのいい関係をつくる大事な場面になります。そこが、その後の二、三日間の信頼関係を築くスタートライン。組合員から、私たちにも来てくださいって言われれば行きますが、それ以外については、葬儀社の担当者に任せてあります。そのかわり、私たちは必ず、通夜か告別式に行きます。現場の担当者に生協がどういう考えで、どういう価値を持った人たちなのかを理解してもらうためにも、自分たちが立会いに行って、担当者とコミュニケーションをとります。担当者に生協への理解を深めてもらう。あるいは私たちを通して生協を感じてもらいたいと思っています。私たちがどういうことに価値を見出している人たちなのか、どのあたりを大事に思っているのか、それをわかってもらえれば、担当者が、生協職員の感覚を持って事にあたってくれると思うので。組合員にとってそれが一番心強いですから」

学習会を展開するなかで……

「二〇〇四年度、葬祭学習会の開催は約四〇件になります。のべの参加人数が約一〇〇〇人。いろいろな人、世代の人たちが参加していますね。

実は、学習会に参加していた方で、余命宣告をされたご本人から事前に相談を受けていたケースがあります。これまでに一件だけ。おととしの一二月にそのご本人が亡くなりました。その年の二月に、無宗教葬の学習会をやり、一三〇人くらいの参加者がありました。一人の女性が、終わった後にやってきて、『まだそんなに急というわけじゃないんだけど。家族の中に具合の悪い者がいて、全く知らないよりも、ある程度知っておきたいので』と。そうしたら彼女がその年の七月の学習会に、ご主人を連れて来た。そのご主人が『家族っていうのはオレのことでさ』と。学習会の中では、一番後ろの席に座っていて、細かい質問をしてきた。その男性が自分で言うんですよ。『私はガンで、余命を宣告されているので、自分のことは自分で決めておきたいんです』って。その後電話がありました。『この間学習会に参加して、自分なりに設計してみたんだけど』って。それで一〇月頃、お宅にうかがった。七月に見たときに比べてさらにやせていました。ご当人と奥さんとご長男と三人と一緒に、具体的なことを話しました。遺影写真もね、一番気に入った写真を自分でつくっていましたね。ここであしてこうしてと、いろいろ決めて帰ってきました。本当にならなきゃいいなぁと思っていたら、一二月に亡くなったと奥さんから電話があった。すぐに自宅に飛んで行ったら、ちょうど搬送の車が入ってきたところで、奥さんが『ああ、磯野さん来てくれたぁ』って、そのホッとした表情が忘れられない。

自分の死の前に、気持ちの整理をして、自分の葬儀を迎える人なんて、滅多にいない。彼は死についてずっと考えていたらしいんです。それは葬式のときにわかったんですけど。自分で自分の声をテープに吹き込んで、メッセージを残していた。それを式のときに流したんです。一〇分くらいのメッセージでした。死への恐怖にゆれているのが伝わってくる部分もあった。人は、スパンときれいに、死を受け入れるなんてできないですよ。揺れているのが、よくわかった。それでも、そういう人だったので、事前に、自分の死を受け入れ、葬式の準備をした。私、そのとき、自分の中に、『まぁそんなこと言わずに、長生きしてください』といった安っぽい同情みたいなものがあって、もっと細かいことやその人自身がして欲しかったことを引き出せなかったんじゃないかなと。突っ込んで聞くことは、死と向き合うことを助長することになるから、聞き込むことに対して躊躇する部分があった。精一杯やれることを引き出すようなアプローチをしておけばよかったなぁって。お通夜が終わって、奥さんに挨拶して、ご主人にも挨拶しますって。ご対面すると、相談にこられた頃と同じ顔をしていた。『本当にあなたがやりたかったことって、こんなんでよかったんですかねぇ』と心の中で問いかけました。」

（インタビュー・二〇〇五年一月二七日）

食卓づくり応援から始まった生協の事業は、いまやくらしの多様なシーンでの応援へと事業の種類も幅も広げてきました。そのひとつである葬祭事業は、組合員の家族の終焉の場面に寄り添い、そして「死」にも寄り添おうとする事業として展開され、提供されていました。このような姿勢で葬祭事業を展開している全国の生協が自主的に研究会をつくって毎年交流を重ねているそうです。ちばコープは後発ということでした。最後に、磯野さんが言った「これでよかったんですかねぇ」という自問。「これでいいのか」という問いかけは、新たな価値を創造し続けるためにも、また大切にしたい何かを守り続けるためにもずっと、持ち続けたい姿勢なのではないかということも、ふと感じました。

すると、本書の冒頭の手がかり、「このままで、いいのだろうか？」という問いそのものが、すでに次を見ようとする手がかりなのかもしれない。旅の終わりが近づき、今、そのことを感じ始めています。

■ たべる、たいせつ

生協は、いつも、そのときどきのくらしの中の「問題」を解決し、そしてよりよく改善するため事業や活動を展開してきました。

日本が豊かではなかった時代には、飢えないため、命をつなぐための食料を手に入れることが最優先の生協の目的でした。物資が乏しく物価が高騰すれば、それに対抗して、基礎食品の調達、適正価格での提供につとめることが求められた時代もありました。そして高度経済成長期には工業化が進展し、粗悪な加工食品、中には人体に害を及ぼすような食品が流通し始め、「家族の健康」を第一に願う主婦たちは安心して家族に与えられる安全な食品が欲しいと、自ら各地に生協を立ち上げていきました。

いつも、生協の事業や活動の基礎には、「食」がありました。そして組合員が求めたのは、よりよい「食生活」でした。

ずっと「食」を大切にしてきましたと語る、コープこうべ生活文化・福祉部生活文化活動担当課長、吉村恵理子《よしむらえりこ》さんにコープこうべの「食育活動」について聞きました。

単品の安全・安心も大事、さらにはバランスも大事

「コープこうべは、創立八〇年以上になります。この間一貫して安全・安心な商品を提供し続けてきました。それと同時に、その食材を使ってどのように食べて健康になっていただくかもずっと提案してきた。商品単品の安全にこだわるのも大事、さらにはバランスよく食べて健康をつくっていくことも大事だと。事業として安全・安心な商品を提供する一方で、活動では食べ方や工夫をずっと提案してきました。こうべの食育の取り組みは、そういう歴史ではないかと思っています。

こうべの食生活活動は、組合員主婦の自主組織、家庭会から始まりました。大正一〇年の創立直後、一三年に立ち上がったんです。そこでは、くらしに実際に役立つ講座をやった。『家庭の経済』や『着物の洗い張り』とか。そこであわせて、生協のことを伝え、理解も深めてもらう。それも目的だった。

その中のひとつに料理講座があった。神戸という土地柄、ドイツなどいろいろな国の方がおられたので、それぞれの国の料理講習会が各種開催されていたんです。時代が下ってくると、くらしが厳しくなり、戦中戦後は、やっと手にいれた材料をどう生かすか

が料理会のテーマになっていきました。高度経済成長期には、モノが高くなるなかで良質で安い蛋白質源である豆腐料理の講習会をしたり。その時代時代にあった料理会を組合員が先生になって開催してきた。そういう歴史です」

「食べようね　赤・緑・黄」

「食の活動を体系化し始めたのが、一九八五年からです。よい食生活を考えるキャンペーン、キャッチフレーズは、『食べようね　赤・緑・黄』。食品をからだの中での働きによって、赤はたんぱく質、黄色は淡水化物、緑はからだの調子を整える野菜や海草として、これをバランスよく食べましょうということを体系的にスタートさせました。当時は、『主婦は家族の栄養士』というキャッチフレーズでした。時代を表しています。今は男女共同参画ですから、主婦任せではいけない。

この時代のキャンペーンの推進者は、おもにコープ委員のみなさんだった。各地域にコープ委員会が約一〇〇あり、そこに食生活係さんがいて、その人たちが各料理会とか店頭活動でキャンペーンを展開した。しかしコープ委員は、平和や商品などいろいろなことを担い、負担が大きくなってきた。そこでいったん食生活活動などはコープ委員会と切り離し、やりたい人はサークルを組んでやってくださいとした。すると日常的なキャンペーンの担い手がいなくなっていった。それが九一年頃でした。

この数年間の日本生協連の家計簿モニターの数字の推移を見ますと、九七年には一カ月約七万円だったのが二〇〇三年度には約六万円強となり、八千円くらい減った。食費にかける割合が金額ベースで減っている。とくに三〇代は教育費にお金がかかるので食費を減らしていく。果物や高いものを買わずに生活している。組合員自身、食は大事だとは思っていてもお金をかけるプライオリティとしては、下がりつつあるということが読みとれる」

「赤・緑・黄」から「おいしいは生活のだいじ」へ

「こういう状況の中、『食べようね　赤・緑・黄』というキャンペーンを大きく変更したのが二〇〇二年度で、『食で健康づくり』というコピーをつくり、『おいしいは生活のだいじ』というキャッチコピーをつくった。バランスだけでなく、『食べる』ことそのものを大事に考えてくださいというメッセージに変えたんです。

このときの柱は四つ。一つは『おいしく楽しく食べよう』、これが一番大事。二つ目は、『家族の誰もが食を選び組み合わせる力をつけましょう』。お母さんだけではもうだめだと、子どももお父さんも外食が増えているし、一人ひとりが自分に必要な量を知ろうと。コンビニでおにぎりだけ買うんじゃなくて、そのときには野菜ジュースやヨーグルトも買っておこうとか、そういう組み合わせる力とベースになる知識が必要だということです。三つ目は、『子どもの心をはぐくむ食の活動をひろげ、食べ物を大切にする気持ちを育てましょう』。つまり食育活動をやりますと。四つ目が『安全・安心な食をコープで選びましょう』とし、食の安全性を追求するコープの姿勢をわかってもらう。この四本の柱で新しい食のキャンペーンをスタートさせました。

四つの柱のひとつである食育において、コープこうべでは『子どもの頃から食への関心を高め、よい食生活習慣を身につけることで、健康な体をはぐくみます。また食を通して、自然環境、生産者への思いを広げ豊かな心を育てます』というコンセプトを立てて、健康な体と豊かな心、両方をうたっている。食卓にのぼってからだけの食育ではなく、その食べ物はどう育ってきたのか、生産者の苦労や自然環境の中ではどうだったのか、そこまで思いを広げてほしい。それを食育の目標にしています」

子どもに直接よびかける

「かってはコープ委員という担い手がいましたが、いまはいません。だから一般の組合員によびかけるということが大事になった。そのひとつ『虹っ子エコ&フードチャレンジ』というツールがあります。これは子どもが、環境と食、両方をまなぶチャレンジシートです。お店においてあります。あるいはインターネットでもチャレンジすることができます。二〇〇四年度は約一三〇〇人の子どもがチャレンジしました。ところによっては小学校のクラス単位でやってくれる先生もいます。この活動は子どもの環境学習の一環ということで、有料化したレジ袋の代金で運営している。

二つ目には、地域で広げるコープ食育くらぶというのを新たに立ち上げた。二〇〇四年からつくり始めて、全体で二四クラブ立ち上がっています。食育くらぶとは、コープこうべの食育の考えに賛同する五人以上の組合員が地域で子どもやそのファミリーを対象に、学習会や料理会をはじめ食育に関するとりくみを進めるグループのことです。コープ食育くらぶの活動内容はメンバーで自主的に企画運営します。もしも何をしていいかわからないときは、活動プログラムはご紹介しますよということにはなっていますが、皆さん、そんなんいらない。自分たちで考えていかれる。生協は必要なら講師を派遣したり、あるいはコープこうべのオリジナル食育ツールを提供します。本とか栄養バランスチェックカードも使えますとか、組合員集会室を月一回二時間無料で使用できますということもあります。さらに申請により、〇四年度は、年間三回以上の活動で上限二万円の助成をしました。これは、兵庫県の食育推進の助成金も活用しています」

助成金を出してくださいと言いに行った

「実は食育くらぶをつくろうとした時に、組合員から、私たちが食育プログラムをやっても、行政はただでやってます。だから私たちのところには誰も来てくれませんと言われた。私は行政も食育を広めたいと思っているわけだから、私たちに委託してもらえないかなぁと考え、行政に言いに行った。コープには組合員参加がたくさんあって、その人たちが自主的にグループをつくるんだけれども助成してもらえないだろうかと。兵庫県はすでに、食育を助成する制度を持っていたので私たちにも助成してくださいと。そうしたら食育推進ボランティアの育成と活動支援事業を委託してもらえた。すっごく、うれしかったですね。参加者からの参加費はもらいます。行政からの助成は会場費や光熱費、またボランティアがみんなを代表してどこかに下見に行くとかそういうときの交通費にあててもらいます。そうして食育くらぶをやってみませんか？　と呼びかけた。

まず、食育ってなんだろうという学習会をして、プログラムづくりのワークショップ、もやった。五回目くらいになったら、もう自分たちでやれるねということで、始まっていった。本当に楽しそうに自分たちで動いておられる。お金のベースもあるので、どんどん動いていく。徐々にほかの地区にも広がっていっています」

「くらぶ」だけではなく、全体で支える食育活動に

「コープこうべの食育活動は、ひとつには、子どもたちに直接とりくんでもらうエコ＆フードチャレンジがある。これは子どもたちに関心を持ってもらうツール。そして

地域には、コープ食育くらぶがある。年に数回、エコ&フードチャレンジシートを一回でも出してくれた子どもたちに、お手紙を送り、近くの食育くらぶの行事を知らせる。

この活動を支えるのは、コープこうべに八カ所ある活動サポートセンター。このセンターは、福祉活動、食の活動、子育て支援、くらしの学習会、環境活動、ボランティア、その他のいろいろなことをサポートしていて、食育くらぶも支えます。食育に関する本部事務局の役割はツール、プログラム、そして情報を提供すること。そのほか各部署、コープカルチャーの講座やイベント、コープ委員会、生産工場等が体験的学習の機会を子どもたちに提供します。たとえばコープカルチャーの食育講座として、『乾物博士になろう』というのをやりました。わかめをもどして長さを実感したり。また漁協との連携でマリンスクールもやっている。これは子どもたちを漁協につれていって、たこのつかみどりをやった。たこって墨を吐くんだぁとか、吸盤って痛いほど吸い付くんだぁって。子どもたち喜んでました。食育って、バランスよく食べるだけじゃないと思っています」

食育のとりくみを通じて、生協がすること

「食育というのは、地域、学校、家庭いろんな機会でとりくむ必要がある。子ども料理会がイコール食育とは違う。たとえばお料理の先生は手際よくおいしい料理をつくるのを目指すけれど、私たちがやったのは、たとえば子どもたちを二つのチームに分け、両方に小麦粉を与え、一つのチームには魔法の粉をあげる。同じようにこねる。一つのチームはうどんができる。もうひとつは、イースト菌を与えているのでパンになる。そこで発酵を体験する。出来上がったものは、大しておいしくない固いパンとうどん。でもお料理会とは違うものが感じられる。こういうプログラムを提供したいと考えている。

そして、地域には組合員がいる。いま、大事なのは、食育の機会づくり、場の提供をする人。この地域のつなぎ手という組合員とともに、食育を積極的に推進していくことが生協の課題だと思っています。広げていきたいという気持ちがあります。

食の安全のために、生協はリーダーシップとってやってきた。一つひとつの商品の安全はすごく言ってきた。でも今の食の安全って単品によってのみ得られるものじゃないですよね。その組み合わせをどうしていこうかということがよっぽど健康にかかわりが

あるはず。もう少し全体的に食生活を見てみる必要性がある。たとえば糖分、塩分の取りすぎとか、野菜を取らないとか、そういうことが軽視されているように思う。生協は、目指すもの、使えるツール、支援するシステムを明らかにする。あとは自由にやりましょうねと。そうすれば、熱意のある組合員はいて、あとは動いていきます。自由な意思で動く『食育くらぶ』とともにやってきた中で得られた実感です」

（インタビュー・二〇〇五年四月一日）

ふりかえってみれば、いつも私たちは「たべる、たいせつ」を中心にすえてきました。これまでに全国の生協と組合員が培ってきた「食における信頼できる組織」としての認知と評価。生産者と消費者がつながる「産直」、「食品添加物問題」、そして組合員とともに育んできた「コープ商品」、または消費者の権利を広げ、守ることなど、食をあらゆる角度からとらえ、活動と事業の中心に据えてきました。だからこそ得られた「信頼」でした。

商品を真ん中に、弾むおしゃべり、こぼれる笑顔、やさしい気持ちで満ちる時間や場を組合員とともに、たくさんつくってきました。人をつくり、くらしをつくる、その根源にある「食」にもっとも重き価値を、生協は置いてきたといえます。いのちをつなぐ「食」、文化を育む「食」、組合員の願いとしてある「食」。生産者とも一緒に手を携えて、より豊かに、より多様に、「たべる、たいせつ」が広がる世界を、私たちはこれからも、中心的なテーマに置き続けることでしょう。

7. エピローグ

長く続いた日本の厳しい経済状況は、少しずつ回復をしています。生協の中にも、この一〇年間の改革の果てに、どん底から再生した「コープさっぽろ」があるように、ようやく新しい時代の扉が開きかかっているようです。

生協の事業課題のなかのひとつで、近年とくに厳しい課題となってきた、共同購入の「仲間づくり」では、みやぎ生協の「現場アポ方式」という新たな仕組みがジワリと全国に広がりを見せています。これは、配達担当者と拡大推進担当者の連携プレーで組合員拡大を推進するもので、個人の目標を積み上げてセンターの目標を達成するのではなく、センターの目標達成のために連携するという逆転の発想によりその効果を生む新方式です。

また外資系企業の参入により、激しい競争となっている共済事業においても、全国共同化がその競争力を強める機会となっています。

苦しい状況の中でも、生活者の願いをもとに新たな価値を創造し続ける私たちは、その歩みを止めていません。それぞれの現場で、苦境を乗り越える新しいとりくみへのチャレンジは続いています。そして少しずつですが、確かに変化は始まっています。
日本生協連の二〇〇五年通常総会では、『日本の生協の二〇一〇年ビジョン』を確認しました。これは、生協の二十一世紀理念『自立した市民の協同の力で人間らしいくらしの創造と持続可能な社会の実現を』を積極的に具現化し、社会に意義ある組織として存在し続けるための長期的指針と位置づけられているものです。そこには、ふだんのくらしにもっとも役立つ事業を展開することやくらしへの最大貢献をめざす事業連帯構造を確立することなどが明確に記されています。

生協の未来像が、少しずつ見えてきています。私たちは、たぶん、新しい時代の扉を開きつつあるのだと思います。今、そのような時代の地点に私たちはいる。扉を前に押し開く力にきっとなる、それが、「生協ってなんだろう」を語る言葉を持つことであり、生協の価値を知っていることなのではないかと思います。

あとがき

「母が亡くなり、父が会員になりました。……父との二人ぐらしで、仕事を持つ私が、平日買い物に行くのは大変です。週に一回配達していただけるので、助かります。野菜BOXで、野菜不足にならないねと、父と話しています。母が生協の大ファンで、子どもの頃から生協の食品で育ちました。生協の食品は安全なので、安心して食べられます。母がよく注文していたものを注文してしまう私です。やっぱり親子だなと……」

これは、ある生協に寄せられた組合員の声です。お母さんに先立たれた父と娘が、お母さんがよく利用した生協商品を注文し、思い出という安らかな記憶に包まれながら、今を生きているくらしが、そこにあります。そしてその傍らに、くらしをサポートし続けてきた生協が存在しています。

ふと立ち止まり、これまでをふりかえると、くらしが変わり続けてきたことがわかりました。その一方で、変わらないものもあることがわかりました。「願い」は、一人ひとり違うものでもあり、時代とともに変化していくものです。そして「願い」は、変わることなく大切に育まれていくものでもあります。

命を守りたい。このシンプルで何にもかえがたい「願い」が、私たちの源流です。時代という大地を流れる、たとえるなら私たちは一本の川です。その岸辺には、いつも人々のくらしがありました。そこから生まれる「願い」も、絶えず川に注ぎこまれ、流れは徐々に大きくなりました。変わらずにあり続ける「願い」と、新たに生まれる「願い」。これら二つの「願い」が大きな太い流れとなって絡み合い、勢いよく時代という大地を潤しました。ところが、その流れが、勢いを失い、さらに大きく太くなったために、岸辺が見えず、時代がみえず、そして自分自身を見失いかけている。それがいまではないかと思いました。

おぼろげな不安から、駆り立てられるように出た旅でした。その旅の途中で、私は、原点に立ち返ること、そして自らを正確にとらえること、この二つの視点を持つことの重要さを知ったように思います。

誰ひとり、手を抜いたり、不真面目だったり、不誠実でいるわけではありません。が、目の前の仕事や課題にかかりっきりになり、組合員のくらしが遠くなったり、仲間のことを思いやれなくなっていたり、そういう分断された状態に、無意識のうちに自らを置いている、そんな状態であるのではないかと思いました。

「生協のよさ」、「生協の生協らしさ」、「生協の必要性」、そして「生協が存在する価値」、それらを、生協にかかわる一人ひとりが、実感し、言葉にでき、伝えられる今になっているか？　それは私自身に対する問いかけでもありました。

今なら、私は、その魅力が決して過去のものではないこと、そして、これからも生協はくらしに貢献し、新たな価値をつくり続けていける存在であると言えます。私たちには、過去から現在につながる時間という縦の軸でのつながりがあります。そして今という同時代を生きる仲間との横のつながりもあります。さらにはいろいろな団体や組織とも手をつなぐこともできそうです。

「つながり」、そして「つながること」、そのことが大事なのだと思いました。そして、それが「協同」だと思い至りました。「目的」でも「手段」でもない「協同」そのものが、私たちの宝もののひとつだったと……。

本書は、いま、生協とはなにかをみつめ、確認する作業が必要なのではないかという思いから企画されました。日本生協連の二村睦子さんと小林真一郎さん、そして「CO・OP NAVI」(日本生協連発行の月刊誌)のライターである私の三人で編集委員会を組織し、内容を練りこんでいきました。全国にあるどの事例を扱い、どの人にお話をきかせていただこうかと、一つひとつ相談しながらつくり上げてきました。この旅でインタビューにこたえてくださった二七人の話し手と、さらにその出会いをつないでくださった多くの方々に心から感謝しています。そしてこの本を形にする機会を与えてくださったコープ出版の上野雅樹さん、ほんとうに、ありがとうございました。

本書を読んでくださった方の心の中に、生協で仕事をするその意味が言葉やあるいはぬくもりとなって、記されていたらいいなぁと思います。それが本書をお届けする編集委員会の「願い」です。では、ともに明日へ。

二〇〇六年新春

あとがき　２００７

コープ出版から連絡をもらいました。『生協ってなんだろう?』が増刷されることになりましたと。

本書が発行された後も、『ＮＡＶＩ』のライターとして、全国の現場で働く仲間たちのインタビューを重ねてきました。これまでに話を聞かせていただいた方は１００人を超えます。そして私は「生協ってなんだろう?」という問いかけを今も続けているように思います。お会いした方たちから得たことがあります。それは全国のどの生協で働く人であれ、抱いている願いが共通しているのではないかということです。使われている言葉、表現は多様ですが、現場で働く人たちの願いは、「組合員のくらしに役立ちたい」、この一言に尽きるのではないかと思うようになりました。

具体的にしていることは、組合員が望む商品やサービスの提供です。たとえば共同購入事業は、商品が企画されてから組合員の手元に届くまでに約3、4か月を要します。その間多くの人が介在し多くの人の手を経て商品は供給されます。

多くの人が鎖のように連なって事業を成立させている。当たり前のことですが、誰一人として、一人で仕事をしているわけではありません。見えない手、しくみ、ネットワークがあって自分の仕事があり、この鎖があってはじめて途切れることのない営々と続く「くらし」の支え手になれる。役立てる嬉しさと、つながっている嬉しさが掛け算になって喜びをもたらす。生協の事業、仕事をとらえるとき、そんな視点も持っていいのではないか、本書出版以降にも考え続けてきた「生協ってなんだろう?」の私にとっての1つの答えでもあります。

本書の冒頭にも書きましたが、「時代は時間は一瞬たりとも、とどまりません。時代は、変化し続けています」。この変化に対応し続けていく努力を惜しんだら、新価値創造事業の歩みは止まり、そして役立ちの貢献度も低下することでしょう。歩みと進化を止めてはいけません。そのためにも、いつだって、「生協ってなんだろう?」を考え、模索し、追求する。その姿勢を持ち続けることが大事です。

「生協ってなんだろう?」これからも、ともに模索し続けましょう。

2007年夏

[著者略歴]
永井　雅子（ながい　まさこ）

1961年、北海道生まれ。法政大学社会学部卒。
1993年、ちばコープ入協。
2004年から「ＣＯ－ＯＰ　ＮＡＶＩ」（日本生協連の月刊誌）のライター。

生協ってなんだろう？　27人が語る
生協で働きつづける理由《わけ》

[発行日]
2006年３月30日　１版１刷
2016年６月９日　２版３刷

[検印廃止]

[著者]
永井雅子

[発行者]
和田寿昭

[発行元]
日本生活協同組合連合会
〒151-8913　東京都渋谷区渋谷3-29-8　コーププラザ　電話03-5778-8183

[発売元]
コープ出版㈱
〒151-8913　東京都渋谷区渋谷3-29-8　コーププラザ　電話03-5778-8050
http://www.coop-book.jp

[装丁・制作] ㈱晃陽社　[印刷] 日経印刷㈱

Printed in Japan

ISBN4-87332-235-9　落丁本・乱丁本はお取替えいたします。